原則中心

会社には原則があった！

ジェームス・スキナー 著
スティーブン・R・コヴィー 序文

キングベアー出版

『原則中心』を称える人

リーダーとしてイノベーティブなチームや組織を率いるには、自分なりの原則を持つことが大切だ。真の決断は、白黒はっきりした状況には訪れない。択一が難しい時こそ判断の原則が必要なのである。一時的現象にとらわれ、揺れていては信頼は勝ち得られない。ブレない自分の軸があれば、自身の言動を普遍化できる。本書を繰り返し紐解くことで、原則に基づいたリーダーシップの神髄を体得していただきたい。

——**米倉誠一郎（一橋大学イノベーション研究センター教授）**

リーダーは常に選択を迫られる。誰もができる決断は誰にでもできる。誰もが迷うことを決めて責任を負うのがリーダーである。最終的に、それを決する基準となるのは、その人の人格と価値観だ。城山三郎氏が元国鉄（現ＪＲ）総裁の石田禮助の生涯を描いた著書で「粗にして野だが卑ではない」と喝破《かっぱ》した通り、頭がいいとか話が上手いといったことより一番大事なのは「卑でない」ことに尽きる。本書が示す原則はリーダーが自己を陶冶《とうや》する槌《つち》となるであろう。

——**堀　紘一（株式会社ドリームインキュベータ代表取締役会長）**

強い組織には必ず「夢」があり、それを全員で共有しています。「夢」を実現するためには、夢を同じくする仲間が必要だからです。そして会社から経営資源を預かるリーダーの役割は、目指す「夢」を仲間全員で共有し、一人ひとりに夢の実現のための目標と責任、そして仕事への誇りを持たせることです。しかし、問題のない組織はありません。スキナー氏による本書は、リーダーが日々直面する問題を解決へ導くとともに、チームの力を最大限に引き出すための原則とは何かを見出させてくれるに違いありません。

――熊谷正寿（GMOインターネット代表取締役会長兼社長・グループ代表）

日本を元気にするには、イノベーションを起こすビジネスにチャレンジし、夢を叶える経営者が続々と生まれ出て来なければなりません。私は二四歳の時に小さなエステティックサロンをオープンしました。それ以来、「お客様が美しく健康になり、自信を持って積極的な人生を歩んでいただくこと」を使命として、全力で取り組んで参りました。リーダーが決断する際には一時的な感情で決めるのではなく、常に原則に沿って判断する必要があります。本書をテキストに夢を実現する人がひとりでも多く現れることを願ってやみません。

――下村朱美（東京ニュービジネス協議会会長　ミス・パリ・グループ代表）

古来より事業の成否は「天の時、地の利、人の和」に依るとされてきた。その中でも「人の和」が最も重要であることは、コヴィー博士による不朽の名作『7つの習慣』によって日本においても人口に膾《かい》炙《しゃ》した「Ｗｉｎ－Ｗｉｎ」「シナジー」という言葉に表される通りだ。そのコヴィー博士直伝のスキナー氏による本書は、「人の和」が生む力を極大化するためのリーダーに必須の原則を、あらゆる角度から描き出した渾身の書である。ビジネスはもちろん人生の羅針盤として座右に備えたい。

――西川りゅうじん（マーケティングコンサルタント）

原則中心の生き方は個人と組織に揺るぎのない確信をもたらすものです。確かにその原則の道を歩むにはいろんな誘惑にも負けない強い意志も必要です。原則中心の効果性を一番よく知り、実践してきたコヴィー博士の功績は私たちに力強い決意をもたらすものでありました。「人に魚を与えれば、一日食べさせることができる。人に魚釣りを教えれば、一生食べさせることができる。」原則中心に生きることとはこの言葉に集約されます。

――鎌田洋（株式会社ヴィジョナリー・ジャパン代表取締役［ウォルト・ディズニー哲学のエバンジェリスト］）

こんなに愛のこもった本を見たことはない。

――持田那緒（司法書士）

この本を読み進めていく中で、私は心の昂ぶりと興奮すら感じた。今までにこのような経験をした本は、数少ない。書かれている内容が本物であり、実践することで無限の価値を得ることができるであろう。私自身が一億円以上の学びへの投資と経営者の経験から、この本をひとりでも多くの方に読んでもらいたいと切に願う。私が自信と誇りを持って推薦できる本である。

――井上裕之（いのうえ歯科医院理事長・歯学博士）

わかりやすく、とても実践的な本です。この本は、多くの日本人にぶれない軸を与えてくれるでしょう。自らのモチベーションをアップさせて自然と成功へと導いてくれる、リーダーシップを身につけたい人にとって垂涎の一冊になると思います。

――芳賀みみ（コーチ、『年収1億円は「逆」からやってくる』著者）

「SEVEN HABITS OF HIGHLY EFFECTIVE PEOPLE（7つの習慣）」は、米国でのホテル時代に出会った衝撃の一冊であり、リッツ・カールトンの課題図書でもあった。スキナー氏が日本にこれを紹介した時は、ほんとうに興奮した。その彼が再びコヴィー博士の思想を世に伝えようとしている。それが「原則中心」に生きるということ。「何をするのか」ではなく「どうあるべきか」。人間本来のあり方の原点に立ち返って行動せよというスキナー哲学と重なって強く心に響いてくる。

――高野登（人とホスピタリティ研究所代表〔前リッツ・カールトン日本支社長〕）

謝辞

『7つの習慣』では、人間の最も成熟した姿は、「相互依存状態」であると教えている。つまり、自立して物事を成し遂げるのではなく、チームで行動し、相乗効果を発揮し、そうすることで個々の力だけでは決してなし得ないより大きなことができるということである。

本書の執筆に当たり、この原則の大切さを改めて感じずにはいられませんでした。この度のプロジェクトに関わっている人が多く、全員のお名前をあげて、気持ちを伝えるスペースはありませんが、どうしても、お名前をあげて数名に触れておかなければなりません。

まず、このプロジェクトの総合プロヂューサーを務め、みんなを取りまとめてくださった柴田博人氏に心からの感謝をしたいと思います。本書は私よりも、あなたの作品なのかもしれません。

フランクリン・コヴィー・ジャパンの取締役竹村富士徳氏が、本書を世に出す夢を語り、多くの社内調整をし、執筆作業の折々に多くの貴重なアドバイスも与えてくださいました。

また編集者の猪口真氏が再三再四本書の原稿を書き直したり、編集したりする作業に最初から最後まで付き合っていただきました。

いつも事務所を取りまとめて、私は自分のミッションに集中できるようにしてくださっている有限会社トゥルーノースの代表取締役社長吉田雅一氏にも「ありがとう！」を言いたいと思います。あなたとチームのみんながいるから毎日安心して作業できるのです。

そして、最後に、コヴィー博士と一緒にビジネスをやる機会を与えたくださったディー・グロバーグ博士とロイス・クルーガー氏、および原則の素晴らしさを、模範を通して示してくださった恩師のスティーブン・R・コヴィー博士に言葉だけで表現できない感謝を述べたいと思います。

あなたたちがいるから、今の私がいるのです。

感謝を込めて、

ジェームス・スキナー

スティーブン・R・コヴィー博士序文

成功ほど失敗するものはない。

——アーノルド・J・トインビー（歴史学者）

歴史のすべてを一句にまとめることができる。

「刺激と反応」

という一句である。

チャレンジや問題という刺激がやってくる。

それに対して、私たちは反応する。

そして、その反応は直面している問題に対して相応なものになっていれば、それは成功する。

問題＋相応な反応＝成功

そこで、新しい問題やチャレンジがやってくる。

そして、私たちは今までに成功した反応を繰り返す。

しかし、この反応は新しい状況や環境に相応《ふさわ》しくないものになっているから、それは失敗する。

新しい問題＋過去に成功した反応＝失敗

そして、次々と新しいチャレンジがやってくるので、私たちは失敗を重ねる。

成功ほど失敗するものはないのだ！


すべての大きな突破は、勇気をもって従来の考え方を放棄することから始まる。科学の世界で、このような大きな変革を「**パラダイム転換**」と呼んでいる。

「パラダイム」という言葉は、ギリシャ語の「パラディグマ」を語源としており、現実を理解するための**パターン**または**地図**を意味している。


例えば、五〇〇年前に世界の地図は当時の理解に沿ってフラットに描かれていた。

そこで、コロンブスが従来の考え方を否定し、インドまでの新しい航路を探しに西に向かって出航した。けっきょくは、インドを発見することにはならかったが、世界の地図、パラダイムを大きく変えることになった。

そして、それは世界史を一変させるにまでいたった。

科学のパラダイム転換と同じように、経営のパターンを改めることは、自分の世界観を大きく変え、やがて指導している組織に革命をもたらす。

私は今まで、企業経営者にふたつの法則を教えてきた。

第一の法則は、**原則**を中心におかなければならないという法則である。

第二の法則は、**戦略**、**組織構造**、**プロセス**、リーダーシップの**スタイル**と**スキル**、これらはすべて、その中心の原則から流れ出るものでなければならないということである。

私たちの効果性が**不可侵の原則**に基づいている。重力などの法則が物的世界を支配しているのと同じように、これらの原則あるいは法則というものは、人的世界を支配している。公正、正義、誠実、正直、信頼などの原則に沿って生活すればするほどに、繁栄と安定に向かう。これらの原則を信じると信じないとに関わらず、その威力は何世紀もの歴史と経験を通して証明されている。

会社などの組織は、正しい原則に根付《もと》いていなければ、砂の上に建っていると言うほかない。戦略・組織構造・プロセスに安心感を覚えているかもしれないが、その安心感は幻にすぎない。過去の成功から力を借りて、けっきょく弱さを作り出すばかりである。

小説家のヴィクトル・ユーゴーが次のように述べた。
「時にかなった考えほど、強力なものはない！」
人や組織が自分の業績を向上させ、習慣を健全に変更し、パターンを大きく変える時がきている。
今まで通りの経営では、もうダメなのである。

長年にわたり、私はある哲学を説いてきた。それは、

人に魚を与えれば、一日食べさせることができる。
人に魚釣りを教えれば、一生食べさせることができる。

という哲学である。

『原則中心リーダーシップ』は魚釣りであり、正しい原則に沿って会社を経営することであり、永続する成功への道であるのだ。

スティーブン・R・コヴィー博士『7つの習慣』著者
（原則中心リーダーシップに関する著書から抜粋）

著者の挨拶

プライドが天使を悪魔に変える。謙虚さが人間を天使に変える。

――聖アウグスティヌス

この度、キングベアー出版から執筆の依頼を賜《たまわ》り、心から感謝いたします。それは、かねてより手がけたいと思っていた「原則中心リーダーシップ」の概念をあなたに届ける機会になるからです。

コヴィー博士は生前、ふたつの素晴らしいコンテンツを世界に送り出しました。

・ひとつは、かの有名な「**7つの習慣**」。

・もうひとつは、会社経営や組織運営を激変させる「**原則中心リーダーシップ**」。

『7つの習慣』は、私と川西茂が一緒に翻訳し、日本に紹介してから、歴史上ナンバー1のビジネス翻訳本としてその座を占め、一九〇万人以上もの日本人の人生を変えるものとなりました。そして、世界でも三八を数える言語に翻訳され、三〇〇〇万部もの売上を記録し、アメリカ合衆国大統領が絶賛するほどの名著になっています。

しかし、「原則中心リーダーシップ」になると、その存在はほとんど知られていません。それは、このコンテンツの経営における応用を最後まで纏《まと》め切れないままに、コヴィー博士が他界してしまったからです。

そこで、出版社からいただいた依頼というのは、コヴィー師匠から直接この概念を教わり、二〇余年間もの歳月をかけてビジネスの現場において実際に応用してきた私に、この「原則中心リーダーシップ」の哲学をどのように会社に活かせばいいのかを博士に代わって一冊の本に纏め上げてほしいというものでした。

今までの人生において、ひとつの考え方が私の成功を裏付けてきました。

それは、

「成功する人が成功するのは、成功しない人の知らないことを知っているからだ」

というものでした。

物理学の法則は平等であり、同じレシピでクッキーを焼くと、誰が焼いても同じクッキーになるのです。

これはどのリーダーにとっても、必要不可欠なことです。

自分の現場の成功を司る原則は何かを知り、それを徹底的に追求するということです。そして、それにより、自分の率いるチームの力を引き出すということです。

その原則を曲げてしまった日には、敗北が待っていると言うほかありません。

この「原則中心リーダーシップ」は素晴らしいコンテンツであり、私のビジネス人生を大きく変えてくれたものであり、また博士が最も現代社会にとって必要なものだと考えておられたものですから、全力をつくして書いてみようと決めました。

そして、恩師の魂からの指導を乞いながら、あなたに届けて差し上げたいと思います。

拙著《せっちょ》にいたらない点があれば、それはすべて私の考えが余計に入ってしまったからだと理解を願いたい。そして、ひとりでも多く「原則中心」のリーダーが増えることを願ってやみません。

師恩に恥《ふ》けながら、本書を手に取ってくださったあなたに感謝をいたします。

愛を込めて、

ジェームス・スキナー

目次

第4章 リーダーシップの四つの役割

リーダーが悩んでいる

新しいやり方を導入することほど、手がけることは難しく、実施するのは危険で、成功が不確実なものはない。革命家は、古い体制で得していた人たちを敵に回し、新しい体制で得するかもしれないという人間は生温《なまぬる》い味方にしかなってくれないからである。

――ニッコロ・マキャヴェッリ（イタリアの政治哲学者）

こんな問題に見覚えはある?

経営コンサルタントとして、世界中を旅し、何千人もの経営者やマネジャーたちの相談に乗ってきた。彼らが打ち明けてくれた次のような問題を、あなたも経験したことがあるかもしれない。

・各部署が協力し合えばいいのに、さも敵だと思われるようなことばかりする。
・従業員がいつもサボっている。やる気がない。今どきの若者は何を考えているのか、さっぱり理解できない。
・顧客との信頼が壊れている。どのように取り戻せばいいのか。
・時代の変化が早すぎる。経営計画を立てようとは思うが、作ったところで何の意味もないじゃないか。

・より少ない予算で、より大きな売上や利益を計上するように求められている。しかし、無理だ。はっきり言って、行き詰まっている。
・離職率が高い。代わりの従業員を雇い入れるが、訓練する暇がない。組織がもうバラバラだ。
・グローバル化が急務になっている。しかし、一向に進まない。従業員がそのような頭を持っていないし、そもそも英語もできない。
・当社の組織は階層が多く、中間管理職ばかり増えている。ひとりで管理できる部下数に限界があるから、解決策は見当たらない。
・従業員には主体性がない。指示待ち族ばかりだ。どうすれば彼らは自ら考え、自ら行動するようになってくれるだろうか。
・会社に問題はいっぱいある。でも私の力じゃ変えられない。上司が変わってくれないと、けっきょく何もできない。
・仕事はストレスとフラストレーションの連続だ。締め切りに追われっぱなしで、充実も満足もない。今の仕事にどうしても意味を見いだすことができない。

このいずれも難しく、頭を抱える問題といえるだろう。と同時に、ほとんどの企業が経験している問題でもある。そして、何年にもわたり、企業はこれらに対して様々な解決策を打ち出してきたが、実質的な改善ができないままになっている。

物理学者のアルバート・アインシュタインが次のように述べている。

「我々が直面する重要な問題は、それを作ったときと同じ考えのレベルで解決することはできない」

私たちの直面する重要な経営やマネジメントの問題は、今までの発想で解決することはできない。新しい考えが必要なのである。

> **我々が直面する重要な問題は、**
> **それを作ったときと同じ考えのレベルで解決することはできない。**

コヴィー博士が打ち出した「原則中心リーダーシップ」がその新しい考え、新しい**パラダイム**を与えてくれる。

新しい会社の地図

「パラダイム」という言葉に不慣れな人もいるので、簡単に説明しよう。パラダイムとは、**モデル**であり、**地図**であり、**メガネ**である。

つまり、あなたはこの新しいモデル、概念図、メガネを通して、会社や部下を見るようになり、この新しい目で見るからこそ、問題解決を図ることができるのだ。
原則中心リーダーシップのモデル図が、会社を導くための地図であり、あなたの一生の宝物になるだろう。

間違った地図を持ってしまったら、どうなるだろうか?
探している場所はなかなか見つからない。

そういう状況で、動機づけを高めることは意味を持つだろうか?
意味はない。

頑張ったところで、二倍の速度で道に迷うだけである。

前向きに考えることはどうだろうか?
これも意味がない。
道に迷っていることは気にはならないが、迷っていることに変わりはない。

どうしても、正しい地図、パラダイム、物の見方が必要である。

正しい地図、パラダイム、物の見方が必要だ。

コヴィー博士の大好きな言葉のひとつに、

「問題は外にあると考えるならば、その考えこそが問題である」

というフレーズがある。


問題は会社にあるのではない。

従業員にあるのではない。

環境にあるのではない。

問題は、それらを見るあなたの目にある！


リーダーシップは肩書きのことではない。地位とも関係がない。財力によって得られるものでもない。リーダーシップとは、自分のあり方であり、行動であり、ほかの人をより素晴らしい場所へと導く決意以外の何ものでもないのだ。

欠けているところは何だろうか？

このパラダイム・地図・概念図の中身は、不思議なくらい、**四つずつ**登場する。

・人間のニーズは四つ
・原則は四つ
・組織のレベルは四つ
・抑止力は四つ
・リーダーの果たす役割は四つ
・測定方法は四つ
・作成する協定も四つ

これは心理学的にいって、大きな意味があり、その意味合いについても、後ほど詳しく説明することになろう。

本書を読みながら、自分の欠けているところに注目しよう。

すでにできている部分は多いだろう。
優秀だからこそこのように勉強しているのだと思う。
しかし、欠点ひとつを埋めるだけで、人生と会社が大きく変わる。

行動をひとつ変えるだけで、結果が大きく変わる！

原則中心

本書では、企業の実例に集中するが、政府、NGO、学校、スポーツチーム、家族にも応用できる。

自分の組織に置き換えながら読んでいただきたい。

原則中心リーダーシップは魚釣りを教えてくれる。

そして、それを学べば、一生涯食べさせてくれるに違いない！

プロローグ

一枚の図との衝撃的な出会い

会社をこういうふうに見ればいいのだ！

弟子の準備ができたとき、師が現れる！

——いにしえの諺

目から鱗

原則中心リーダーシップに出会ったときの衝撃は昨日のように覚えている。興奮しすぎて、その日の夜は眠れなかったからである。

そのときまで、経営学も勉強し、「認定経営コンサルタント」の称号も取得し、会社を変えるために、組織図を引き直したり、再編成したり、プロセスを見直したり、新しいシステムを構築するリエンジニアリングを行なったりすることは当然のように実施していた。そして、今だからこそ恥ずかしく思うが、そのアプローチに何の疑問も抱いていなかった。

しかし、「**原則を会社の中心におく**」という当たり前すぎるほど単純な工夫をするだけで、その考えがすべてぶっ飛んだ。

会社やその他の組織は、そもそもどのようにできあがるのだろうか？

それは何かしらの目的があって、できあがるものである。

この目的を「**ミッション**」というが、それはつまり使命であり、目的であり、存在意義のことである。

たとえば、ヘンリー・フォードは、誰でも購入できるほど安い自動車を作りたいという目的を掲げて、会社を設立している。

映画を制作するとき、監督、俳優、女優、照明などが集合し、ひとつの物語を伝えるという目的を持っている。

家族を作るときも、一緒に幸せに暮らすなどの目的を持って、新しい生活に踏み出す。

会社であっても、家族であっても、政府組織であっても、すべてが同じ。

目的があって始まるのである。

従って、組織を見るためのモデル図の中心にミッションを位置づける。

その目的を達成するために、同志が集まる。
どの組織でも、**個々人**の集まりにすぎない。
自分自身もそのひとり。

個々人が集まれば、**人間関係**が生まれる。

つまり、お互いにどのように接するかということであり、どのようなコミュニケーションを行なうのかということであり、またどのぐらい信頼し合っているのかということである。

目的を達成するために、当然作業が発生することになる。
そこで、その作業を管理するための**リーダーシップ**またはマネジメントが必要になるし、リーダーシップの**スタイル**と**スキル**が肝心になってくる。

最後にそのミッションを達成するために、周りの環境や**顧客のニーズ**を意識しながら、**戦略**を打ち出し、それを実践するための**組織構造**や**プロセス**を構築していくことになる。

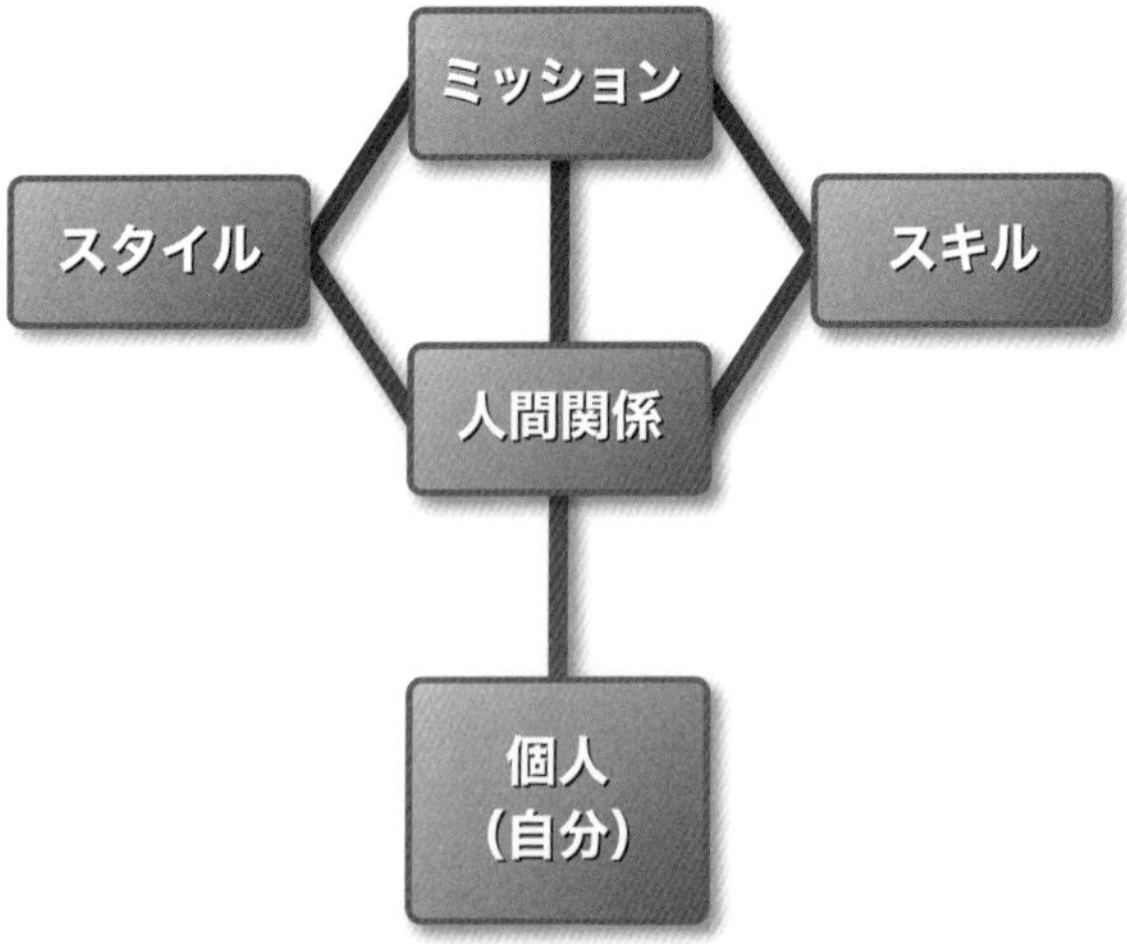

これは、組織の基本的な構造である。

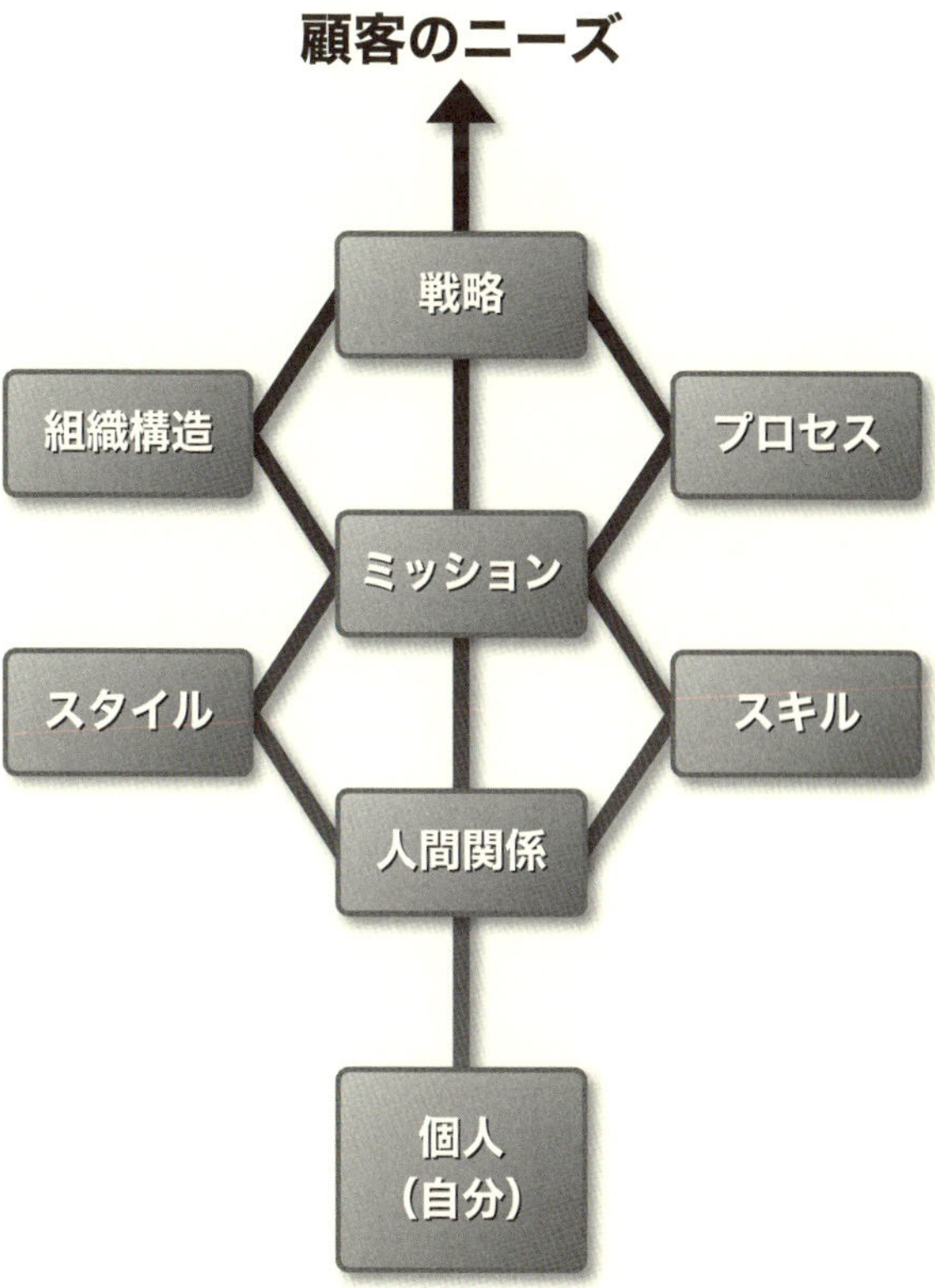

なぜ、この図はそれほどまでに、私の人生に衝撃を与えたのだろうか？

原則中心リーダーシップのパラダイム

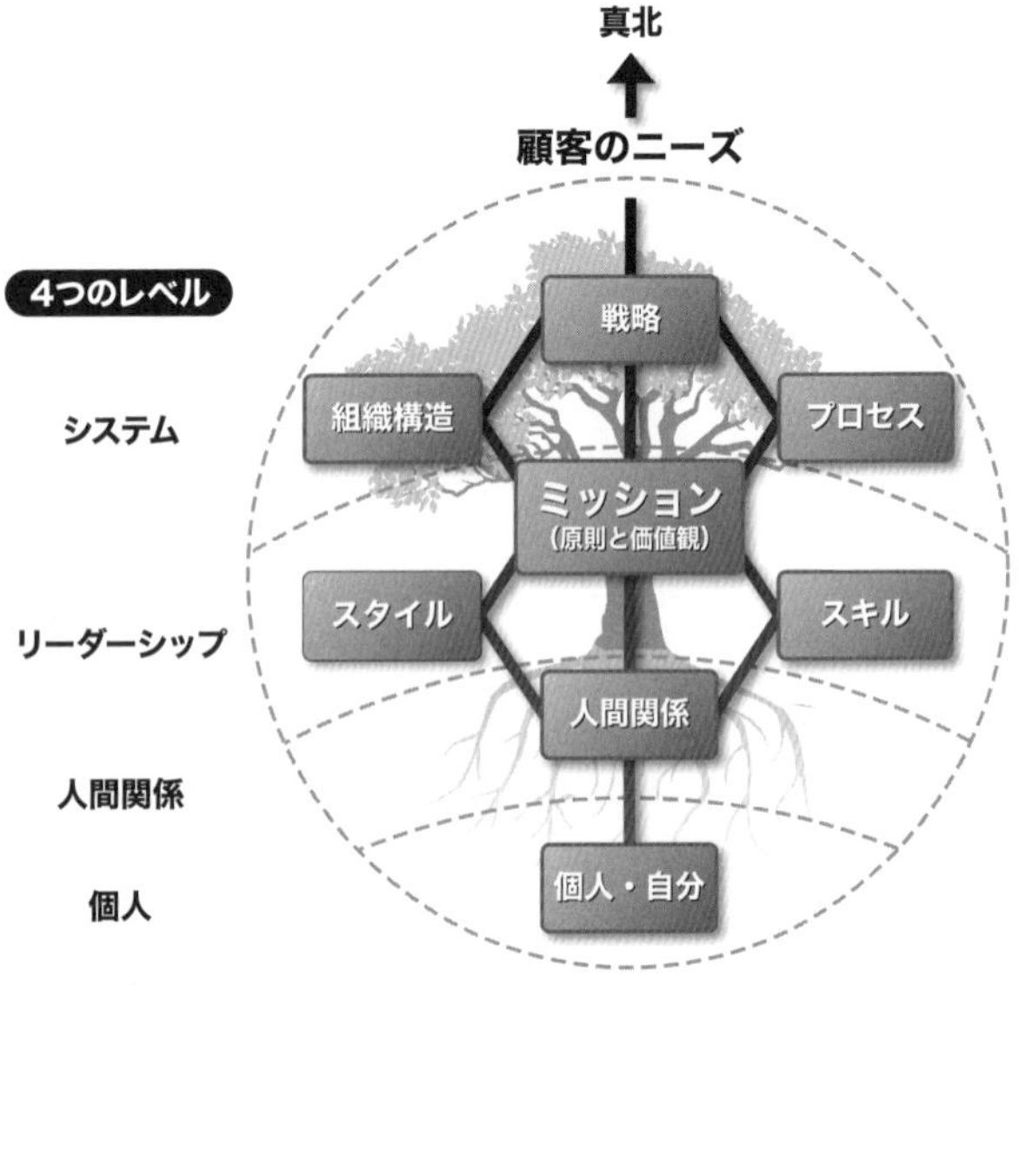

第1章

なぜ会社が
変わらないのか

あなたの力で会社を変えられる！

希望があれば、勝利あり！
――ブライス・コトニー（南アフリカの小説家）

無力感に悩む人々

大企業や政府といった巨大な組織で働く人の共通の悩みがある。それは、自分の力で何もできないという無力感である。

「トップが変わらないと何もできない」
「社長は同意してくれないから無理だよ」
「上司が消極的だからこの案は通るはずがない」

こういう文句は一回や二回耳にしたことがあるだろう。

そこで実に興味深いのは、トップの話を聞いてみると、同じ無力感に苛《さいな》まれているということである！

「うちの従業員では無理だよ」

「組合が納得してくれないから変えられない」

「戦略を出しても、組織は動いてくれない」


こういう話は実に多い。

この状態は、心理学で「**学習性無力感**（Learned Helplessness）」と呼ばれるもので、もともとは犬を使った実験で発見されたものである。


犬を檻《おり》の中に入れる。

その檻の床に電流を流してショックを与える。

そこで、犬は低い柵を飛び越えれば、ショックを免《まぬが》れることができる。

そして、電流を流すと、犬は当然にショックを避けるために、柵を飛び越えて逃げる。

しかし、今度は、柵の向こう側の床にも電流を通す。

すると、柵を飛び越えても、ショックは免れない。

これを数回繰り返すと、その後電流を流しても、犬は柵を越えようともしないし、何の行動も起こさなくなる。

艦の隅っこに座り込み、痛みに耐えるだけである。

多くの会社員や経営者はこれと同じである。

組織を数回変えようとして、うまくいかなかったから、自分は無力だということを教わり、事務所の隅っこに座りながら痛みに耐えるだけの毎日を過ごしている。


隅っこに座っていると、いつまで経っても痛みが消えない！

会社の流れを変えるトリム・タブ

そこで、「**トリム・タブ**」という言葉を紹介しておきたい。

以前、私はアメリカ合衆国海軍でリーダーシップを教えていた。

そこに、ひとつの街と思われるほど大きな空母や軍艦がある。

長さ数百メートルで、大きい物だと、中に五〇〇〇人以上もの兵隊が生活を営んでいる。

このような巨大な船の舵《かじ》をどのように取ればいいのだろうか？

答えは、舵が取れないということなのだ。

船が大きすぎて、舵を回そうとすると、そこに働く凄まじい水圧で、舵が元の位置に押し戻される。

大企業や政府と全く同じなのだろう。

方向を変えようとすると、内部の圧力で、すぐ元に戻ってしまう。

そこで、昔から応用されてきた知恵は、「トリム・タブ」という物である。

「トリム・タブ」とは、つまり舵に付いているもっと小さな舵のことである。

この「トリム・タブ」を回し始めると、そこに当たる水圧で、大きな舵が周り出す。そして、それを受けて、船全体の方向が変わる。（＊近年に、船に使用されることは少なく、主に飛行機に使用されている。）

あなたは、どのような立場にいても、肩書きがあってもなくても、地位があろうとなかろうと、自分の会社の中で、トリム・タブになり、会社の方向を変えることができる。

あなたはトリム・タブになればいいのだ！

自分が変われば、すべてが変わる

自らの経験の中から、これを指し示すひとつの実例を紹介してみよう。

私は二五才の若年で、経営コンサルタントの認定を受けた。日本において西洋人初で、歴史上における最年少であった。

当時は、生産管理や能率向上で、日本各地の工場を周り、改善の指導にあたっていた。

お客様の一社が、高知県にある鉄工所だった。

社員の平均年齢がかなり高く、しかもみんな職人気質《かたぎ》で、「東京から出て来たスーツ野郎に何もわかるまい！」という空気を一発で読み取れた。

これでは、話にならない。

コンサルタントはアドバイスが出せるけれど、それを実行に移すのはあくまでも現場の人間である。

どうすればいいのだろうか？

とりあえず、その悩みを抱えながら、診断業務に入った。

タイム・モーション・スタディという技法を活用して、現場の作業員たちが毎日どんな仕事をしているのか、時間をどこに投入しているのかを調べ始めた。

現場の基本というのは、**正味作業**、つまり実際に付加価値を生み出す作業が多ければ多いほどに生産性が高く、望ましい姿である。反対に**付随作業**や**無駄な動き**が多ければ多いほどに効率が悪いということになる。

二日間にわたる現場調査の結果、ある大きな無駄が浮き彫りになった。工員の時間の五%も、工具探しに浪費されているということだった。

この五%というのは、小さな数字のように聞こえるかもしれないが、これはとても大きなロスになる。メーカーの世界では、五%の節約を得るためにどんなに骨を折ることか。そして、その五%の差が、どれほど大きな競争優位の条件になるのか。

工場の現場をよくよく見ると、整理・整頓ができていない。物はあちこちに無造作に散らかしてあるし、工具を置いたり、保管したりする場所が定まっていない。工員がたまたま置いた場所が保管場所になっているようだった。

工場現場で**5S（整理・整頓・清掃・清潔・躾）**が最も尊ばれる。しかし、なっていない。どのようにしてこれを徹底してもらえるだろうか。どのようにして私の言うことを聞いてもらえるだろうか。

正直、聞いてもらうのは難しいと思った。二五才の若さの上、外国人で、しかも都会から出て来ている。

そこで、何も言わないことに決めた。

現場の作業服を一着借りて、それを身に着けた。そして、自ら現場に入って掃除に取りかかった。

何も言わず、できる限り作業の邪魔にならないように注意しながら、片付けることができる物を片付けたり、工具をしまっておくためのカゲ（その工具の形が描かれている、工具をかけるための壁掛けボード）を作ったりした。

最初はみんなが嘲笑《ちょうしょう》するばかりだった。

「こいつは、何を考えていやがる?」

という雰囲気だった。

しかし、三日も経てば、工場で働く女性たちが見かねてしまった。

「だいたいね、お前さんたちが汚《よご》した職場を、この人は必死に掃除してくれているのよ!」

そして、その女性たちが手を貸してくれるようになった。

さも、赤の他人が自分のリビングルームにでも入って来て、「掃除機を貸してください」と言われているような感じで、「いやいや、自分でやります!」という反応が自然なのだろう。

それからしばらくして、工場長が加わった。

そして、一週間も経たないうちに、全員が清掃作業に取りかかるようになり、工場がピカピカになり、工具探しという無駄な作業がすべてなくなった。

私は一言も言わないで、である。

外の世界を変えようと思えば、まず**内の世界**を変えなければならない。つまり、自分自身を変えてからでないと、会社などは動いてくれない。

自分を変えない限りは、会社は変わらない！

ガンジーの言葉を借りて言うならば、

「世界に変化を望むのであれば、我々自らその変化にならなければならない」

演習

あなたは、会社や組織にどのような変化を望んでいるだろうか?

あなたは、どのようにリーダーシップを発揮し、その変化に貢献できるだろうか?

望んでいる行動について、どのようにほかの人に対して模範を示すことができるだろうか?

真北の原則を知ろう！

原則について、妥協してはならない。
――アンドリュー・カーネギー（鉄鋼王、博愛主義者）

人間を滅ぼす七つの大罪

ガンジーは、人間社会を最も大きな危機にさらしている七つの大罪を指摘している。
それは、以下の通りである：

1　仕事なき富
2　良心なき快楽
3　人間性なき科学
4　人格なき知識
5　原則なき政治
6　道徳なき商売
7　犠牲なき宗教

・仕事をせずに富を得てしまうと、ほかの人間の生活に貢献する大切さを忘れてしまい、自己中心になり、やがて自分の身を滅ぼす放蕩《ほうとう》な生活に走ってしまう。

・良心の声に耳を傾けずに快楽を追求すれば、自分の行為が他人に与える悪影響を気にもせず、周りを傷つけてしまい、やがて良心の声が聞こえなくなる。

・人間性を持たずに科学の研究に従事すると、原子爆弾や科学兵器などを作ってしまい、人間の存続そのものを危機にさらす。地上に楽園を作るどころか、無限の地獄を招きかねない。

・人格を育成せずに、知識を身につけてしまえば、その知識を悪用し、社会全体の利益をないがしろにしてまで、自己の利益を追求する。法律の細かい条項を参照にして無意味な訴訟を引き起こす弁護士や、高度なコミュニケーション・スキルを体得し、人を騙し歩く詐欺師はこれである。

・原則に基づかない政治を営むと、どうなるだろうか？　腐敗がはびこり、民衆の利益を無視し、特定の利権団体の既得権を守るための規制を作り、応援者へのばらまき金が後を絶たない。

・道徳を持たずに、商売の道に入れば、食品表示を偽ったり、商品やサービスの欠陥を隠そうとしたり、消費者にとって危険だとわかりながらも製品を出荷してしまったり、環境汚染などを繰り返す。

・犠牲や自己反省を要求しない宗教は、信者のエゴを拡張させ、自分たちは唯一正しい、ほかの宗教はすべて取るに足らない、自分の神は他の神よりも偉大であることを主張し、やがて愛や慈悲ではなく、戦争やテロ行為にまで走る。

つまり、人生のすべての分野において、それは商売だろうと、科学だろうと、学術だろうと、政治だろうと、宗教だろうと、一個人の生活を営むことだろうと、守るべき「**原則**」があり、その原則から離れてしまえば、たちまち崩壊の道へ向かってしまう。

人生のすべてにおいて原則がある。

人生のコンパスを手に入れよう！

ここで、コヴィー博士がいつも用いていた比喩表現を紹介しよう。

本来ならば、これは目を閉じてやることだが、本を読みながらそれはできないので、目を閉じているつもりで参加していただきたい。

今、自分の手を差し出し、**真北**だと思う方向を指差してみてください。
実際に手を出して、指してみてほしい。
どのぐらい自信を持っているだろうか？
それは本当に真北なのだろうか？

東京からパリに向かって出発し、二度だけずれてしまえばロンドンに到着してしまうから、少しのずれも許されない！

この演習を大きな講演会などで行なうとき、参加者がバラバラな方向を指してしまう。会場全員が爆笑するほどである。

どのようにして、この問題を解決できるだろうか？

多数決ではどうだろうか？
これは**民主主義的なプロセス**で解決すべき問題だろうか？
違う！

これは**意見**の問題だろうか？

違う！

これは**価値観**の問題だろうか？

違う！

これは**実際にどうなのか**という問題であるのだ。

> **意見や価値観ではなく、実際にどうなのかが大事である。**

問題の解決は簡単である。

コンパスを持ち出せばいいのだ。

すると、針が北を教えてくれる。

原則は私たちの生活や会社において、この真北である。そして、それを教えてくれるコンパスは自分の**良心**というものだ。

本当に正しいことをしているだろうか？

自分自身が一番わかるはずである。

・今やっていることは自分の母に自慢できるだろうか?
・やっていることすべてをお客様に開示できるだろうか?
・自分の本当の姿を子供に知ってほしいと思うのだろうか?

良心の声は正しい原則を教えてくれる羅針盤《らしんばん》である。

これを知らないと成功できない

原則を見分けるもうひとつの方法がある。

「その反対の考え方に基づく長期的な成功を想像できるだろうか?」

という質問を考えてみれば良い。

・顧客の不満足に基づく長期的な企業の成功を想像できるだろうか?
・不正直、不誠実、不親切に基づく長期的な人間関係は成り立つだろうか?
・練習せずにアスリートの長期的な成功はあるだろうか?

・腐敗や隠し事で政府は長期的に民衆からの信頼を得られるだろうか？

そのいずれもあり得ない。

短期ではごまかせるかもしれないが、長期においては、化けの皮が剥《は》がれる。

顧客満足は商売の正しい原則であり、正直・誠実・親切は人間関係の原則であり、練習はスポーツの原則であり、民衆の利益の追求と情報の開示は民主主義の原則である。

正しい原則は、その反対の考え方に基づく長期的な成功はあり得るかどうかで判断できる。

コヴィー博士が亡くなる一年前に、一緒に朝食をとる機会があった。

そこで、社会の中で最も気にかけている問題は何か、お互いの思いを話し合った。

そして、博士はやはり、社会が正しい原則に沿って行動しているかどうかが最も大きな関心事であった。

その席で、「7つの習慣」の話題になり、私は師匠に言った。

「7つの習慣を三秒で教えることができますよ」

「ほお、それはおもしろい。して、どう教えるのですか？」

「良い人でありなさい！」

「その通りです！」

けっきょく正しい原則に対して決意をするまでは、長期的な成功と繁栄はあろうはずもない。

リーダーとして、まず良い人間でありなさい。

会社の方向がバラバラになっている理由

この真北を指差す演習と似たような体験をしたいのであれば、今度出社するとき、周りの同僚や部下一〇人に次の質問をしてみてください。

・当社の存在意義は何だろうか？
・その目的を達成するための戦略は何だろうか？
・現在、当社にとって最も大切な目標は何か？
・当社の絶対に守らなければならない原則は何なのか？

その回答は、バラバラな方向を指しているに違いない。

この問題を乗り越えてからでないと、リーダーは何をしてもうまくいかない。間違った方向に向かっていれば、動機づけを高めたところで、二倍の速度で間違った場所に到着するだけである。

強いブランドを築き上げて、顧客の信頼を勝ち取るためには何年もかかるだろう。しかし、原則に合わないひとりのスタッフの行動で、そのブランドや信頼をたったの五秒で台無しにできる。不祥事によって、姿を消してしまった大企業の数々をみてごらんなさい。

山一證券、ヤオハン、リーマン・ブラザーズ、エンロンなど、例はいくらでもある。

また、倒産にいたらずとも、顧客の信頼をなくし、ブランドの力を失ってしまい、大きな代償を払っている企業は少なくない。

偉大さへの道

成功に応急処置はない。

近道はない。

実態のある人間になり、顧客のニーズに応える会社を築き、社会にとって良いことをし、常日頃正しいことを行なう以外にない。

私的成功は**公的成功**に先立つ。

これは真北の原則である。

つまり、人の見えるところで成功しようとする前に、まず人の見えないところで己に打ち克《か》たなければならない。

大俳優のウィル・スミスは自分の成功を次のように説明している。

「偉大さというのは、特別な人だけが味わうものではない。誰でもなれるものだ。〝これを信じている、そのために死んでもいい〟そう思うことは偉大さの秘訣。私は大した才能を持っていない。私の成功というのは、馬鹿げているとしか言いようがない努力の結晶なのだ。ほかの人が寝ているとき、私は仕事している。ほかの人が食事しているとき、私は仕事している。安易な回り道はあろうはずもない」

人の見えないところで地道にやって初めて、人の見える大きな舞台で永続できる成功を手に入れられる。


人の見えないところでの努力は、人の見えるところでの成功に先立つ。

ニューヨークでは、昔から言い伝えられている冗談がある。

道に迷っている人が通行人に次のように聞いてみる。

「カーネギーホールへの道を教えてください」

答えが返ってくる。

「練習だ！」

まさにその通りなのだろう。

演習

今までの人生において、原則に違反した出来事や場面を思い出してください。

そこで原則に違反することで、どういうマイナスの影響を受けたのだろうか？

あなたの会社の存在意義は何か？

その目的を達成するための戦略は何か？

会社にとって、今最も大切な目標は何か？

あなたの会社の成功を裏付ける最も大切な原則は何だろうか？

肩書きは関係ない！

最終的に、立場は立場にすぎない。肩書きは肩書きにすぎない。そういうものは、現れたり、消えたりするものだ。本当に大切なことは、自分の本質と自分の価値観だけである。

――ラーニア・アル＝アブドゥッラー（ヨルダンの王妃）

ほかの人があなたに従ってくれる理由

ここであなたに質問しておきたい。

いったいなぜ、ほかの人があなたに従うという道を選ぶだろうか？

真剣に考えてほしい。

なぜほかの人があなたに従うという道を選ぶだろうか？

会社で部下を持つ立場にいるとすれば、その部下はどのような理由であなたの指示に従ったり、またあなたの打ち出す計画を実行に移してくれるのだろうか？

あなたに子供がいるとすれば、その子供はどのような理由であなたの作るルールを守ったり、またあなたの勧告に聞き従うのだろうか？

どのような場面でリーダーシップを発揮しようとしていても、この質問は重要になる。


あなたのことが怖いと思っているから従うのだろうか？

あなたは相手にお金を払ったり、その他の褒美をあげたりできるから従うのだろうか？

それとも心から尊敬し、信頼しているから従ってくれるのだろうか？

あなたのリーダーシップは、王道？　それとも邪道？

すべてのリーダーシップは**力**を発揮している。

しかし、その**力**には、**正当な力**もあれば、**不正な力**もあるだろう。

そして、あなたの発揮する力が正当なものになればなるほど、あなたの影響力が増大し、長期において望ましい結果を得られる。


強制、恐怖、肩書き、お金、褒美、賞賛、認識、尊敬、信頼、ピンからキリまである。

あなたの場合はどうだろうか？
あなたのリーダーとしての力の根源は何なのだろうか？

あなたのリーダーとしての力の根源は何だろうか？

私があなたの頭に銃を突き付けて、「お金を出せ」と言えば、確かにあなたはその命令に従ってくれるかもしれない。

しかし、私の発揮した力は正当なものだと思ってくれるだろうか？
従いたいという気持ちが自然にわいてくるだろうか？
要求された以上のことをしてあげたいと思うだろうか？
長期にわたり、私をリーダーとして認め、私の側で働きたいと感じてくれるだろうか？
それはまずない。

人は不正の力に従いたいとは思わない。

この誘惑に負けてはならない

不正の力を使う誘惑が大きい。
なぜなら、即効性があるからである。

強制してしまえば、人はすぐに従ってくれる。
しかし、長期においては、繁栄ではなく、つむじ風を刈り取るだろう。

ヒトラーの例を考えてみよう。

ヒトラーは、一見リーダーのように見えるし、大きな力を発揮したようにも思われる。
しかし、結果においては、どうだったのか？

ヒトラーの掲げた目標は、三つあった。

1　ドイツの領土拡張
2　ドイツ国民のステータス向上
3　ユダヤ人の社会的影響力の減少

そして、第二次世界大戦の終了時において、ドイツの領土は、歴史上かつてないほど小さなものになり、ドイツ人のステータスは歴史に例をみないほどに低くなってしまい、そして、イスラエルが建国され、ユダヤ人の社会的ステータスは二〇〇〇年以上もの歳月にわたり例をみないほど高いものになっている。

目標はすべて失敗している。

人はどうしても不正な力・強制に対して反発をする。

そして、その証に、ドイツ国民によって二五回もヒトラーの暗殺計画が実行に移されている。

最も尊敬される人は誰?

逆の例を考えてみよう。

あなたの今までの人生を振り返ってみてほしい。

あなたに一番良い影響を与えてくれた人物は誰だったのだろう?

両親、学校の先生、スポーツ・コーチ、友人、先輩、上司、メンター、様々な人たちに出会ってきたはずである。

そして、その中で最も大きくあなたの人生を良い方向に変えてくれた人は誰だったのだろうか？

その人の働きによって、あなたの人生はどういう影響を受けたのだろうか？


今その人から突然連絡が入り、「あなたの助けが必要だ！」と頼まれたら、どうするだろう？

助けてあげたいと思うのだろうか？

大きな犠牲を払ってでも、その人の所に飛んで行き、助けてあげるだろうか？

間違いなく行くだろう。


そこで考えてみよう。

その人の力の根源は何だったのだろうか？

・強制や恐怖だったのだろうか？
・経済力や肩書きだったのだろうか？
・それとも心からあなたのことを大切に思い、あなたの成功を願い、あなたはその人を尊敬し、信頼できたということなのだろうか？

答えは明白である。

正当な力を発揮するリーダーが継続的に支持される。

リーダーの三つの力

リーダーの力は三つある。

強制、お金や昇進といったご褒美などの**交換条件**、そして人に仕えることによって得られる愛・尊敬・信頼という**原則中心の力**の三つである。

・一番目は強盗同様である。
・二番目は単なる取引でしかない。
・三番目は正しいことをすることによって得られる永続する力。

この原則中心の力のみが、長期にわたって成功し続ける。

力の根源は三つある。
それは、強制、交換条件、原則中心という三つである。

従業員はみんなボランティア!?

現代企業にとっては、従業員は**ボランティア**同然になっている。


給与やボーナスは確かに支払う。

生み出した成果を公正に分配することは正しい原則である。


しかし、能力のある従業員であればあるほど、ほかのオプションを持っている。

どこでも働ける。

自由である。


私の尊敬する人物のひとりに、ジョナサン・アイブという人がいる。

ジョナサンは長年にわたって、アップル社で勤務し、工業デザインのトップを務めている。

iMac、iPod、iPhone、iPad のすべてが彼のデザインなのである。


アップルで働くのは、スティーブ・ジョブズを信頼し、会社のミッションと哲学に共鳴し、そこで働きたいというだけである。

高い給与はどこでも得られる。

しかし、本当の満足や意味を見いだせる職場は、素晴らしいリーダーがいるところだけだ。

あなたは、そういうリーダーになれるか、そのような職場を築き上げることができるのか、それは毎日問い質《ただ》されている。

最も能力の高い人たちは、
あなたの側で働きたいと思ってくれるだろうか？

権力を放棄すれば、影響力が増える

このような偉大な力を持ちたいと思うのであれば、リーダーとして力や権力を持ちたいという気持ちを放棄しなければならない。

これは意外な発言ではあるが、真実である。

権力を持ちたいと思う瞬間に、強制力などの不正な力に頼り始めて、信頼をなくしてしまう。

権力を握りたいと思う瞬間、
不正な力に頼り始めて、信頼がなくなる。

私の友人ピーター・グーバーと話していたときのことである。

ピーターはハリウッドのトップ五の実力者のひとり。自ら監督を務めた作品は五〇回もアカデミー賞にノミネートされている。

そこで、彼に質問してみた。

「どうやってあれほどの才能や能力を持つスターたちをとりまとめるのか？」

「それはね、俳優や女優だけではないよ。脚本家、照明、カメラマン、大道具、食事のケータリング業者にいたるまで、みんなが自分の作品だと思っているのだ」

みんなが全力でその映画を成功させたいと思っているから、素晴らしい作品ができる。

そして、そう思うのは、ピーターのビジョンに共鳴し、同じストーリーを語りたいという気持ちがあるからである。

コヴィー博士の言葉を借りて言うならば、

「お金で人の手を買うことはできるが、心を買うことはできない」

人の手を買うことはできるが、心を買うことはできない。

全員がリーダー

今のグローバル競争に打ち勝つためには、全員が手だけでなく、全身全霊で同じ方向に向かい、最高の商品とサービスを提供することに決意していなければならない。

権力や権限を放棄してもいいと思う瞬間、奇跡が起こる！

全員がリーダーの組織が誕生する。

つまり、ひとりのリーダーの限られた力ではなく、全員の能力がフルに発揮される。

それぞれの場面において、地位や肩書きではなく、その状況で最も優れた知識や能力を持つ人間が自然にリーダーとして浮上し、また上下の隔たりなく、周り全員の意見やアイディアを聞き出すことができる。

脚本家は、監督と出演者のアイディアを聞きながら、脚本の責任を引き受ける。照明が、カメラマンや監督と相談しながら、最高のライティングを作り出す。

みんなが怖がりながらトップの顔色を伺うのではなく、オープンで開かれた環境の中で、

・「どうしたらお客さまを喜ばすことができるだろうか」
・「どうしたら最高の作品にできあがるだろうか」
・「どうしたら当社のミッションを最大限に実現できるのか」

という質問に集中し始める。

不正の力ではなく、愛、尊敬、信頼の結果にほかならない。

権力や権限を放棄する瞬間、
「全員がリーダーの組織」が誕生する。

演習

強制力やお金だけで人を動かそうとする場面は何だろうか？

どうしたらそこでより正当な力で人を動かすことができるだろうか？

第2章

経営の王道

生きること、愛すること、学ぶこと、貢献すること

ひとつの空想が百万の現実を変えることができる。
――マヤ・アンジェロウ（詩人）

戦士・恋人・魔法使い・王様の物語

人間の歴史、文学、音楽、心理学、社会学、神話、伝説のいずれを勉強してみても、ひとつの大きな真理にいいたる。それは人間には四つのエネルギー、ニーズ、能力があるということである。

この四つは「**元型**」といって、時代、言語、文化を超えた人類普遍の心像である。

この「四つの元型」を簡単に表現するとすれば、

- **戦士**
- **恋人**
- **魔法使い**

・王様

になる。

人間の心理には、四つの側面がある。
それは、戦士、恋人、魔法使い、王様の四つである。

規律になっていない

戦士とは、生命力である。生き抜く力であり、また行動力なのである。境界線やルールを守る力であり、国に喩《たと》えていうならば、軍隊組織になる。

昔から日本で、軍の出動を**実力行使**と呼んでいるが、これはある意味で深い真理をついた表現なのだろう。

もし、自分の生活において行動力がなく、自分の決めたことを守り通すことができていなければ、それはこの戦士のエネルギーが弱っているということになる。

戦士に向けて、「朝四時に起きなさい」と言えば、間違いなく四時に起きる。議論の余地はない。

戦士の本質は、生命力・行動力・規律である。

また、人間のニーズで表現するとすれば、これは**生きるニーズ**であり、現代社会において、それはお金という手段を通してなすものだから、**経済的ニーズ**になる。

誰にでも、この実行力や規律という能力があり、また健康や経済力に対するニーズがある。

コヴィー博士はこのすべてを引っ括《くる》めて、「**生きること**」と呼んでいる。

愛だよ！　愛！

それに対して、**恋人**は戦士と反対のエネルギーになる！

境界線などに縛られることなく、それを飛び越えて外の世界との関係を築いていくエネルギーである。国に置き換えて言うならば、これは外交官であり、ほかの国と良好な関係を築いていく能力を指す。

この恋人のひとつの特徴は「**遊び心**」があるということである。

遊びという言葉について少し考えてみよう。

製造業に従事する人ならば、すぐに理解してくれるだろうが、ふたつの部品をはめ込んだとき、その連結部分にゆとりが残っていて、動きが生じるとき、その動きのことを「遊び」と呼ぶようにしている。

つまり、「遊び」とは、規格外の動きである。

恋人のエネルギーは、境界線を超えた動きをするから、そこで「遊び」が出る。従って、これは人生を楽しむエネルギーであり、また喜んで新しいことに挑む力でもある。

昔から日本語で、外交官や政府のトップが海外に出向くことを「**外遊**」と呼んでいるのも、やはり深い真理をついている。

ほかの人間との関係作りがうまくいっていなければ、また十分に人生を楽しんでいなければ、それはこの「恋人」のエネルギーが弱っている証拠である。

恋人のエネルギーは人との関係を作り、規格外の動きをする力も与えてくれる。

人間のニーズに置き換えれば、これは**愛し、愛されるニーズ**であり、ほかの人間と素晴らしい関係を構築する**社会的ニーズ**ということになる。

コヴィー博士は、これを「**愛すること**」と要約している。

錬金術の奥義

魔法使いとは、考える力であり、分析力であり、物事の仕組みを理解する力であり、客観性であり、また変化を生じさせる力になる。**錬金術**の力でもあるから、経済人にとって特に興味深い。

錬金術というのは、鉛を金に変える術であるが、これは昔の魔法使いの間に広まったひとつの比喩であり、深い真理を包み隠している。

自然界を少しでも観察すれば、神様の御心をすぐに伺い知ることができる。

それは、万物の成長と進化にある。

天地宇宙の心は万物の成長と進化にある。

自然界におけるすべてのものは、より完成した形を求めて、常に進化している。

鉛は金（金属の最高峰）になろうとし、炭素はダイヤモンド（炭素の最高峰）になろうとする。

従って、錬金術というのは、この成長と進化のプロセスを応援し、加速させるだけのことである。

錬金術とは、万物の成長と進化を応援することだ。

どの商売でも、無価値な材料や、他に使われていない土地などをより素晴らしいものに変え、お客様に提供することでお金を生み出している。
まさに錬金術と言えるのだ！

そして、この最も崇高な形というのは、人間の成長と進化を応援し、それを加速させる活動に従事することである。

政府の組織に喩えれば、これは財務省になる。
無価値な紙を紙幣にして、お金と呼ぶだけでその価値を発生させるから、すごい魔力としか言いようがない！

もし、変化を恐れ、新しい知識を取得することに苦心したり、またお金作りに悩んでいれば、それは魔法使いのエネルギーに問題があるかもしれない。

これを人間のニーズとして、表現するとすれば、**成長し、変化するニーズ**であり、退屈で同じことの繰り返しの毎日から解放されるという**知的ニーズ**になる。

魔法使いのエネルギーによって、
生活に変化とバラエティがもたらされる。

そして、この変化のすべてが、知識と理解の結果であるから、コヴィー博士は、これを「**学ぶこと**」という言葉に集約している。

あなたも王様になれる

最後の**王様**は、主権のエネルギーであり、正当なビジョンを確立する力であり、人の可能性を見通す能力であり、また人を認識する力である。

私の親友で音楽家のエドウィン・コパードがこのエネルギーについて、とても大切なことを教えてくれた。

彼によると、

「人は王様を見たくない。王様に見てもらいたい。そして、一瞬でも王様に認めてもらうために、人は喜んで自分の命、一生涯を投げ打つ！」

リーダーシップの究極の姿なのだろう。

人は王様を見たくない。王様に見てもらいたい！

しかし、弱いリーダーは、自分の**自己重要感**に溺れてしまい、

「おれを見てくれ！　おれを見てくれ！」

と叫ぶ。

もし、燃えるようなビジョンもなく、毎日の生活に大きな意味を見いだすことができていないとすれば、それはあなたの中の王様が眠ってしまっているのかもしれない。
そして、その偉大なエネルギーが目覚めたとき、あなたはリーダーとして大きく立ち上がり、周りの世界に計り知れない影響を及ぼすだろう。

行動力は確かにリーダーにとって不可欠だろう。良い人間関係を作る力もそうである。また状況を理解し、物事の仕組みを分析する力も必要なのだろう。しかし、良い人間関係や情報操作だけで人を動かそうとすれば、やがて失敗をする。
有意義なビジョンを示し、人の中に眠っている可能性を見抜き、人間として認識し、肯定し、その人をより素晴らしい世界へと案内し始めるまでは、誰も本心から従ってくれない。

王様の力は、ビジョンを示し、人を認識することにある。

人間のニーズに当てはめると、この王様のエネルギーは、**貢献するニーズ**になる。
つまり、人間誰しも大きなビジョンを持ち、素晴らしい地球における楽園を築き上げるために自分の一生を捧げたいのである。あるいは、そこまでではないにしても、自分の仕事は人の役に立っていると思いたい、認めてほしい、喜んでほしいという**精神的ニーズ**はある。

従って、コヴィー博士は、このエネルギーを「**貢献すること**」という一言で表現している。

生きること、愛すること、学ぶこと、貢献すること。

従業員の力を引き出す四つの鍵

この**四つのニーズ**に応えるまで、従業員の全力を引き出すことができない。

そして、従業員がこの**四つの力**をフルに発揮するのは、リーダーがこの四つのニーズを理解し、それに応えてくれるときだけである！

本書を通して、今までのマネジメントのアプローチがどのようにしてこの四つのニーズを捉え、どこが欠如していたのかを明確にしておこう。

そして、組織を**四つのレベル**にわけて考えることで、従業員の**身体**、**心**、**脳**、**魂**の全力をどのようにしてひとつの方向にまとめることができるのかを考えていくことにしよう。

偉大な冒険が始まろうとしている。

生きること、愛すること、学ぶこと、貢献すること、この四つのエネルギーがあなたのリーダーシップを激変させるに違いない。

真のリーダーは、「俺を見てくれ！」ではなく、「みんなで素晴らしいことをしよう！」と叫ぶ。

演習

現在、従業員はどのぐらい熱心に働き、どのぐらい会社の決まり事やルールを守ることができているだろうか？

現在、従業員はどのぐらいお互いに、そしてお客様などの外部の世界と良好な関係を築き上げることができているだろうか？

現在、従業員はどのぐらい自分たちで考え、職場の問題を理解し、そして自分の知力をその解決に向けることができているだろうか？　会社は全員の頭で成り立っているのか、それともトップの考えだけで回っているだろうか？

現在、従業員はどのぐらい使命感に燃えているだろうか？　どのぐらい毎日の仕事に意味と意義を見いだすことができているのだろうか？

第3章

リーダーシップ・パラダイムの進化

人の行動はすべて、ニーズを満たすためにある

金槌《かなづち》をうまく使える人は、すべてのものを釘と見る。
――アブラハム・マズロー（心理学者）

右へ曲がれ！

リーダーにとって、最も大切なことは何だろうか？

私がリーダーシップを研究する過程の中で出会った素晴らしい指導者のひとりは、第一次湾岸戦争の総司令官を勤めたノーマン・シュワルツコフ将軍であった。

シュワルツコフ将軍は、新しく士官の任命を受ける部下に対して、いつも与える教訓があった。新しい士官が就任し、将軍の事務所にその報告にやって来るとき、将軍は司令部の前の庭を指差して、言う。

「そこに戦車が停まっているだろう。あれの前まで行って、右へ曲がるようにという指令を出して来なさい」

新任の士官が命令された通り、司令部の正面玄関を出て、ありったけの大声で戦車に向かって叫ぶ。

「右へ曲がれ！」

しかし、どんなに叫んでも、一向に動かないのである。

将軍は、これを通して、とても大切なことを教えている。

それは、どんなに素晴らしい兵器があっても、どんなに素晴らしいシステムを作っても、どんなに予算を豊富に持っていても、それを活かすのは、すべて人間である。

そして、士官・リーダーとして、その肝心な「人」を動かすことを学ばない限り、けっきょく何もならない。


すべてを動かしているのは、人間である！

人がすべてだ

企業においても同じである。

企業は人によって、また人のために運営されている。

そして、その肝心な人を理解し、彼らの心を動かす方法を学ばない限り、けっきょくは失敗をする。

どんなに優れた商品を持っていても、どんなに優れたコンピューター・システムを作っていても、それを作り、それを運営するのは人なのである。

企業は人によって、人のために運営されている!

コヴィー博士は、それを次の言葉で表現した。
「人はプログラマーである。残りのすべてはプログラムにすぎない!」

人間が動く理由

従業員だろうと、お客様だろうと、人間のやることはすべて、ニーズを満たすためにある。そして、これまでみてきたように、人間のニーズは主に四つある。

- **経済的ニーズ**（生きること）
- **社会的ニーズ**（愛すること）
- **知的ニーズ**（学ぶこと）
- **精神的ニーズ**（貢献すること）

人間のやることはすべて、自分のニーズを満たすためだ！

有名な心理学者のアブラハム・マズローが、一九四三年から、これらのニーズを**要求段階説**で説明し、低次元のニーズを満たしてからでないと、より高次元のニーズを満たそうとはしないと教えている。

ひとつの思考実験でこのことをすぐに理解できるだろう。

今、あなたのいる部屋から空気が全部なくなったら、この本を読むことにどのぐらいの興味や関心を持つだろうか。

まったくないはずである。

空気を得るまでは、ほかのことを考える余裕がない。

しかし、今空気はいっぱいある。

するとどうなるだろうか。

空気のことをまったく考えない。

ここで、大切な原則のひとつが浮き彫りになる。

満たされたニーズは、動機づけにならないということだ。

満たされたニーズは、動機づけにならない。

空気のある人は、空気を得るために頑張らない。
次のことを要求するばかりである。

お金のある人にとって、お金も動機づけにならない。
もっと高度な何かを求める。
しかし、この基礎的なニーズが満たされるまで、より高度なことを考える余裕はない。

あなたが知らないマズローの要求段階説

アブラハム・マズローはこれらのニーズをひとつの**ピラミッド**に要約し、そのモデルが有名になり、様々な文献で引用されている。

ピラミッドの下部には、**生理的要求**（空気や食事）や**安心・安全の要求**（身体の安全や雇用の安定など）を位置づけた。

その上に、**社会的要求**（愛やグループに対する帰属意識）あるいは自尊心（自信や人からの認識）を置いた。

そして、頂上に、**知的要求・自己実現**（想像力の発揮や才能の開拓）を説いた。

このピラミッドは一回や二回はどこかで見かけたことがあるだろう。

しかし、意外と知られていないのは、マズロー自身が、生前にこのピラミッドを否定したということである！

本人いわく、

「自己実現だけでは不十分である。自己超越が必要である」。

つまり、**精神的要求**（貢献し、自分を超えて家族・会社・社会、後世に何かを遺すというニーズ）を満たさない限り、本当の意味で充実した人生を全うすることができない。

＊（ここにも四つの元型が登場する：生理的要求と安全＝戦士、社会的要求＝恋人、知的要求と自己実現＝魔法使い、自己超越＝王様）

自己実現だけでは不十分。
自己超越が必要なのだ。

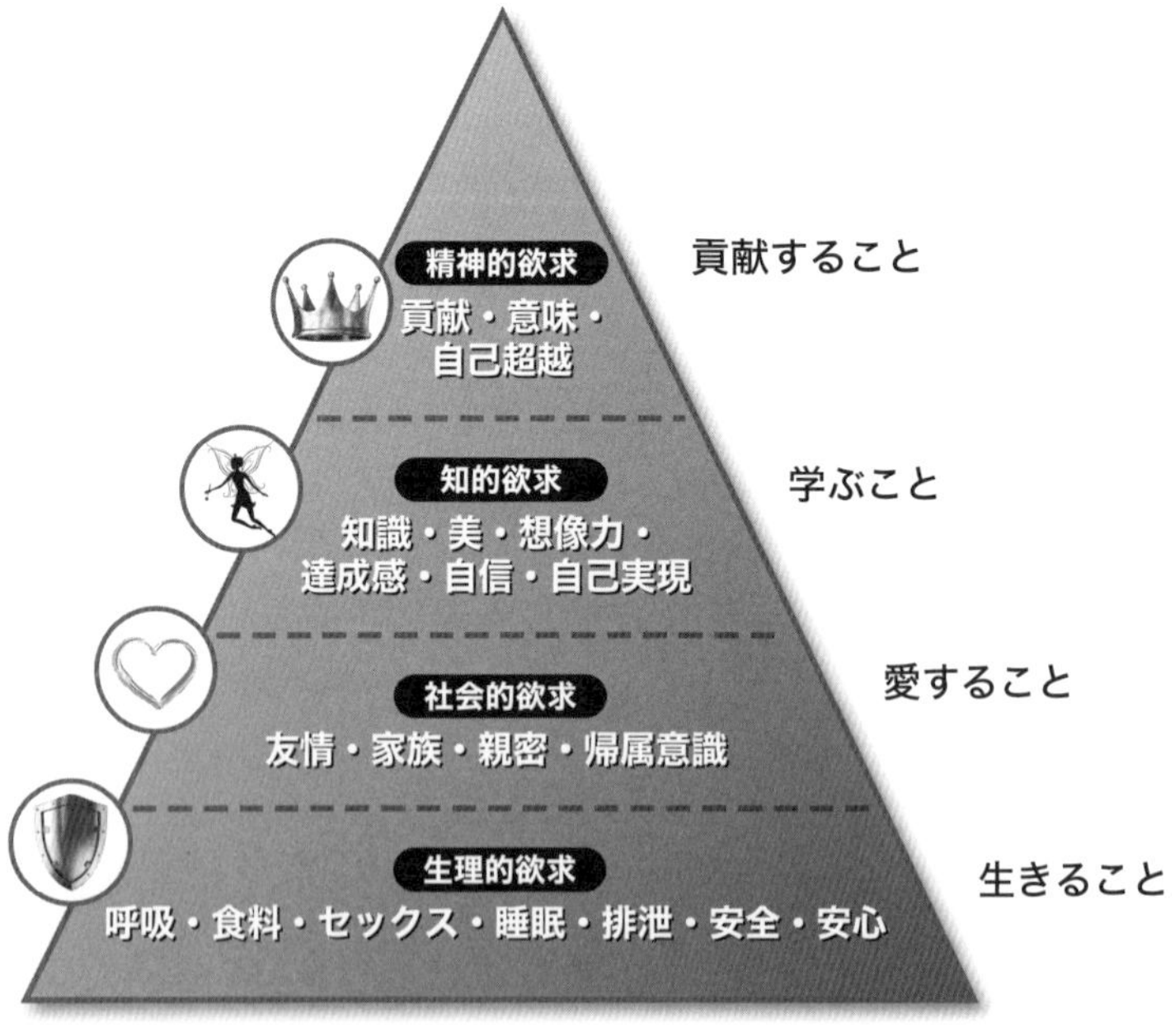

マズローの欲求段階説に自己超越を加えて整理した図

このことは、リーダーシップにとって、極めて重要な意味を持つ。

つまり、従業員や顧客が現在どのようなニーズを満たそうとしているのかを考え、それを満たしてあげるようにすることで、動機づけができる。そして、それが満たされたら、その人の次のニーズを考えなければならない。

今でも、昔のやり方をやっていない？

当然ながら、社会の発達に沿って、リーダーが注目しなければならないニーズが変わってくる。

社会があまり発展していなければ、お金を稼ぐことや、食料など生活の糧《かて》の確保を考えていれば、それだけで周りの人たちが動いてくれるだろう。

しかし、社会が進歩し、より裕福になれば、人はそれだけ高度なニーズに目を向ける。そして、そのニーズに応えてあげなければ、動機づけができず、人は動いてくれない。

このニーズのピラミッドに沿って、そして社会の進歩に合わせて、**経営論**が今まで大きく三つの段階を経てきた。そして現在、まさに**第四の段階**である**原則中心リーダーシップ**に入ろうとしている。

これらの経営論あるいはリーダーシップのアプローチを順追って、見てみることにしよう！

演習

あなたの経済的ニーズ・健康や安全に対するニーズは今どのぐらい満たされているだろうか？

あなたは、どのぐらい良好な人間関係を築けているだろうか？

あなたは、どのぐらい自分の知性を磨き、常日頃良いチャレンジが与えられているだろうか？

あなたは、自分の今の人生・生活にどのぐらいの意味と意義を見いだすことができているだろうか？

お金をかけるだけではうまくいかない

間違ったことをしていれば、経験は何の役にも立たない。
——W・エドワーズ・デミング（品質管理の革命を生み出した統計学者）

独裁主義は胃袋から始まる

生きること、愛すること、学ぶこと、貢献することの四つのニーズ・能力を身体に喩《たと》えて言うならば、**胃袋**、**心**、**脳**、**魂**ということになるだろう。これは、人間の**肉体**、**社会**、**知性**、**精神**の四つの側面を表している。

あなたはマネジャー、リーダー、親だとしよう。

そこで、あなたは人間を**胃袋**と見ていれば、どのように人を動かそうとするだろうか？あなたの地図にそれしか入っていなければ、どうするか？

「こうすれば、これを与えてあげる。こうしなければ、与えないよ」

前に**人参**《にんじん》、後ろに**鞭**《むち》というアプローチになるだろう。
つまり、相手の経済的ニーズにアピールするのだ。
「動機づけのロバ理論」というわけだ。

相手の経済的ニーズに集中することは、飴と鞭のアプローチを生み出す。

これで、うまくいくだろうか？

相手が生活に苦しんでいれば、要求された通りに働いてくれるだろう。生活の糧《かて》を得るために、長時間の労働もするだろうし、最善の努力を払ってくれるかもしれない。しかし、その生活のニーズが満たされてしまえば、一巻の終わりである。

満たされた欲求は、動機づけにならない！

このマネジメントのアプローチは、中世時代における貴族の王権神授説・軍隊組織・宗教組織に起因しており、その根源においては、**独裁的**なものである。
なぜなら、人参と鞭を握っている人は、すべてを決める権限を持ってしまうからである。

　この中世時代の独裁主義が、工業革命の時代に入って、科学的手法と合体した。つまり、生活の糧と引き換えに人を支配し、彼らを動かして産業効率を追求するようになった。

科学的経営の誕生

　この**科学的経営**と呼ばれるアプローチは、ベツレヘム鉄工所におけるフレデリック・ウィンズロー・テイラーの実験から始まったといえる。

　エンジニアは、常に**最適値**を求めている。

　たとえば、家を支える大黒柱には最適な大きさがあるはずである。それ以下の大きさであれば、家を支えきれない。しかし、それ以上の大きさで設計しても、材料の無駄になるだけだ。

　エンジニアが、この最適値を計算し、それを適用すればいい。

科学的手法は最適値を求める手法である。

そこで、テイラーが、人間の労働形態についても、最適値があるはずだと考えた。

スコップで石炭を運ぶ労働者は、当然ながら休憩しなければならない。どのぐらいの休みを与えれば、最適なのだろうか？

様々なインターバルで石炭を運んでもらった結果、労働と休憩を半々にすることで、この重労働に従事する従業員は、最大量の石炭が運べるということがわかった。

それ以降、マネジャーたちは常にそれぞれの現場において、最適な労働形態や手順は何かを考え、それを業務命令として伝達し、給与と引き換えに労働者にその通りのことを実行してもらい、生産性の向上を追求してきたのである。

つまり、従業員は、会社にとっての資産、**人材**（人的材料）と思われるようになり、経営者が、従業員を**物**として扱った。

そして、このパラダイムが未だにほとんどの企業において中心的なマネジメント・アプローチになっているといえよう。

科学的経営、人を人材・物として扱うアプローチは、
今でも多くの現場で主流になっている。

お金で人を動機づけるマネジャーは無能だ

ここでの原則は、「公正」である。
一日の労働に、一日の労働対価を。

飴と鞭の経営は、公正という原則に基づいている。
一日の労働に、一日の労働対価を。

この原則に沿って対価を払っていれば、労働者の経済的ニーズが満たされるようになるまで、大いに頑張ってくれる。

しかし、社会が裕福になり、民主主義が発達し、社会のセーフティーネット（労働保険や社会保険）が充実すればするほど、このアプローチでは不十分になる。

ほかのニーズ、ほかの能力を引き出さなければならない。

成功ほど、失敗するものはない。

古い経営手法を新しい時代のチャレンジに適用しようとしても、うまくいかない。

古い経営手法は、新しい時代に適用できない！

現代の若者をみれば、すぐに理解できるだろう。

そもそも就職活動もしない若者が増える一方。

なぜならば、働かなくても、経済的に何とかやっていけるからである。

そして、就職していても、給与以外のニーズが職場で満たされていなければ、やる気もなく、一分でも早く仕事を切り上げて、「本当の生活」に戻りたいと願うばかりである。

やる気が出ないとき、ほとんどのマネジャーが反射的に考えることは、「給与を引き上げる」、「ボーナスを支払う」などだろう。

なぜなら、このマネジャーたちの地図に人間の胃袋しか入っていないからである。

しかし、これは不正確な地図であり、これではそのマネジャーを無能と言うほかない。

人の手を買うことはできるが、心を買うことはできない。

人の背中を買うことはできるが、マインドを買うことはできない。

心とマインドは、主体的に提供しなければならない。

つまり、ボランティアなのである。


現代において、従業員は実質的にボランティアと同じである！

人間は物じゃない

優秀なリーダーになるためには、あなたに提案したい習慣がひとつある。

それは、人に接するとき、お金が絡《から》んでいない前提で接してみるということだ。

お金を払っていても、払っていないと考えて接してみると、新しい世界が開かれる。

あなたがレストランで、最近ウエイターやウエイトレスを名前で呼んだのは、いつ頃のことだろうか？

名札が付いているはずだし、名札がないような場合でも、相手に聞けばすぐに名前を教えてくれるだろう。

しかし、ほとんどの人は名前で呼ぼうとはしない。

自分は顧客であり、お金を払っているから、相手を「物」として扱っても差し支えはないと無意識に思ってしまっている。

タクシーの運転手はどうだろうか？
自宅に物の配達に来てくれた人はどうだろうか？
自分の元で働く従業員はどうだろうか？

ほとんどの人は、無意識に人を物として扱っている。
まずは、名前で呼ぶことにしよう！

感動を生み出す経営者の一言

ある一流ホテルの社長の事務所を訪問していたときのことである。

そこで、宅急便が届いた。

社長自らがその配達員を迎え、次のように挨拶した。

「持ってきてくださって、ありがとうございます。外は暑いでしょう。冷たいお茶でもいかがですか？」

何という人間らしい扱いなのだろう！

それを見た従業員は、「配達員に対してすらこの接し方ならば、お客様に対していったいどのように接すればいいのだろうか」と考えるに違いない。

また配達員は、自分の結婚式を、このような素敵なホテルでやりたいと思うことだろう。

私は一瞬にして大ファンになったのは言うまでもない。

それ以上の何かが必要なのである。

お金の力だけでは、ファンは生まれない。
それ以上の感動が必要であるのだ。

演習

あなたが、人を物のように扱ってしまう場面は何だろうか？

その人たちをもっと人間らしく扱うために何ができるだろうか？

お金以外で、人を動機づけるために、どういうことができるだろうか？
（できるだけ多くの方法を考えてみよう！）

琴線《きんせん》に触れる経営

木はその実で知られる。人はその行ないで知られる。善い行ないは、決して消えることはない。礼儀を植える人は、親睦《しんぼく》を刈り取り、親切を植える人は、愛を刈り取るだろう。

――聖バジル（キリスト教の聖人）

仕事のありがたみを忘れてしまった

従業員を胃袋と見て、物として扱い、その経済的なニーズだけに集中するアプローチは、どのような結果を生み出したのだろう？

それは絶えない**労働騒動**であった。

労働組合が大きく発達し、「経営側」と「労働側」、「**労**」と「**使**」に別れ、組合側が常に労働時間短縮や賃金の引き上げばかりを要求し、経営側が利益を高めるために、それに対して反発した。「**春闘**」という言葉自体が、この性質を表している。ミッションを達成し、顧客を喜ばすための協力ではなく、限られたパイを奪い合う闘いに陥ってしまった。

最初は、仕事があるだけでありがたいと思っていたのが、いつの間にか、より高度なニーズに集中するようになっていたのである。

従業員の心をつかんだ照明実験

科学的経営の流れを受けて、一九二四年にハーバード大学の教授F・J・レスリスバーガーがウェスタン・エレクトリック社のホーソン工場で、興味深い実験を行なった。

作業場において、最適な照明レベルはどのぐらいだろうか?

それを調査するために、まず照明を明るくした。

すると、生産性が向上した。

しばらくしてから、照明のレベルをまた下げてみる。

すると、生産性がまた上がったのである。

そのときまでのエンジニアの最適値の発想では、どうにも理解できない結果である!

けっきょく、従業員たちは、経営陣が自分たちのことを思いやって、照明のレベルを調節していると思い込み、それだったら頑張ろうという意欲を示したまでのことである。

この現象は、工場の名前を借りて、**ホーソン効果**と呼ばれるようになった。

そして、第二世代の経営パラダイムが誕生した。

従業員に公正な賃金を払うだけでなく、従業員に気を配り、**親切**に接することで、生産性を高めるというものだった。

胃袋があるだけでなく、**心**もあるのだ。

人間は胃袋だけではなく、心もある。
公正だけではなく、親切も要求する。

つまり、経済的ニーズだけではなく、従業員の**社会的ニーズ、愛し・愛されるニーズ**も職場で満たし始めた。

知らないままに会社を蝕《むしば》むホッグ効果

現在でも、このニーズは極めて大きな意味を持っている。

様々な企業の社員に、会社での不満や悩みは何かを尋ねてみると、「同僚や上司との関係」と答える人は、極めて多いからである。

そして、その不満が募《つの》るとどうなるだろうか？

私はオレゴン州で育った。昔から材木業が盛んな場所である。

そこに、製材所というのがある。丸太を板などに切り、材木として出荷する工場である。


そこで作られる製品のひとつがプライウッドという合板である。

このプライウッドは、質によって、値段が大きく違ってくる。

質の良いものは壁材などに利用できるので、高値がつく。少し質が落ちると、コンクリートのフォームを作るためにしか利用できないので、値段が下がる。そして、一番質の悪い物は、廃棄処分するしかない。


ある日、経営コンサルタントがその工場のひとつを訪問していた。

すると、マネジャーが事務所から出てきて、ひどく従業員を叱りとばす場面を目撃した。

言葉も悪く、激しく怒っている様子で、従業員の弁解の言葉を聞こうともしない。


その叱りとばしが終わってから、マネジャーが事務所に戻って、ドアをぱっと閉めた。

そして、コンサルタントが従業員の所に近寄り、尋ねてみた。

「ああいうふうに言われると、どういう気持ちになりますか?」

すると、

「何ともないさ……」

という答えが返ってきた。

コンサルタントはびっくりしたのは、言うまでもない。

「ええ？　何も感じないのですか？」

「うん。何ともないよ。仕返しするだけだ……」

「なるほど。どうやって仕返しをするのだい？」

「ホッグだよ」

ホッグというのは、廃棄する質の悪い合板をウッドチップに噛み砕く機械なのだ。

そして、話をよくよく聞いてみると、従業員は気がおさまるまで、一番質の高い高価なプライウッドをホッグにぶち込むと言うのである。

誰にもバレやしない。

プライウッドの歩留《ぶど》まりが悪くなっているだけのことだ。

しかし、企業にとって、その損失は計り知れない。

どの企業にも、一種の「**ホッグ効果**」というのがある。

従業員のやる気のなさで発生する、計ることのできない損失である。

従業員のやる気のなさで発生する損失は、
企業にとって計り知れない。

・監視されていないときに、顧客を無視する小売りの店員。
・材料を無駄にする工員。
・自分のアイディアを出し惜しみするサラリーマンやＯＬ。
バリエーションはいくらでもある。

給与より、ねぎらいの言葉

ここでの原則は、「**親切**」である。

良い賃金をもらうのは、誰もが望んでいることだろう。
しかし、同時に、親切に扱ってほしい。
自分の問題を理解してほしい。
話を聞いてほしい。

職場の環境を改善してほしい。

人間として扱ってほしい、と思うのである。

賃金の引き上げよりも、上司からのねぎらいの言葉、より良い椅子、苦労を理解してくれる社長、こういうものが人の心に大きく響く。

この「**人間関係論**」のアプローチは、以前の人を物と見る「科学的経営」のアプローチと比較して、大きな前進である。

しかし、これではまだ独裁的なものであり、人の能力をフルに引き出すことができない。

親切な独裁主義だけでは、不十分である。

演習

今の職場の関係はどのぐらい充実しているだろうか？

同僚や部下に対してもっと親切に接するために、どういうことができるだろうか？

あなた自身が、どのような親切を喜ぶだろうか？

職場の環境を改善するために、どういう工夫ができるだろうか？

従業員の能力を引き出す秘訣……

私は人に正しい原則を教えて、彼らが自らを統治するのだ。
――ジョセフ・スミス（アメリカの宗教家）

独立宣言が経営学を変えた

一七七六年のアメリカ独立宣言により、ひとつの偉大なる実験が始まった。それは、普通の人たちが自らを統治できるのかという実験である。

このときまで、貴族、資産家、高度教育を受けている者、聖職者など、特別な地位にいる人のみがリーダーの座を占め、彼らの行なう意思決定に対して、残りの一般ピープルが従うというだけだった。

その発想は、マネジメントのパラダイム・思想にも当然反映された。

従来のアプローチだと、高度な教育を受けている人や上層社会で育った人たちが管理者に選ばれ、その優れた能力を活かし、意思決定をする。

そして、従業員が、その**業務命令**に従えば良い。

いつから奴隷になった？

法律にまで、この発想が浸透している。

法律の専門用語で、**労働法**は **The Law of Masters and Servants**（**主人と僕《しもべ》に関する法律**）と呼ばれ、従業員は業務命令に従わなければならないと規定している。また、ボーナスなどの報酬や従業員の評価のすべてが、マネジャーにより行なわれるということになる。

この管理者たちのことを英語で **Supervisor**（**超視力者**）と表現している。

つまり、特殊能力を持っており、ほかの人の見えないことが見えるという意味である。

このパラダイムで会社を管理すると、親切に従業員に接していても、独裁的なマネジメント・スタイルにならざるを得ない。

そして、会社の中に、考える人は一〇人にひとりになってしまう。

従来の考え方は、主人と奴隷の関係であり、
命令する側と従う側にわかれる。
頭を使うのは、一〇人にひとりになってしまう。

上司の機嫌取りで忙しい毎日

このアプローチでは、会社組織はどうなるか？

従業員は誰を見て仕事をするだろうか？
それは当然、自分の人事考課を牛耳っているマネジャーたちを見る。

上司は何を要求しているのか？
どうしてほしいのか？
上司の機嫌をとるために何ができるのかを考える。

そのマネジャーたちは誰を見て仕事をするだろうか？
それはさらに上にいる部長や取締役を見て仕事をする。
貴族がさらに土地や権限を与えてくれるさらに上の貴族を見るのと同じである。

その部長や取締役は誰を見て仕事をするだろうか？

それは社長を見て、仕事をするに決まっている。

下から上層部まで、全員が上にいる人たちの機嫌取りに忙しい毎日である。

そして、社長は誰を見て仕事をするのかというと、自分の報酬やクビを握っている株主のことを考えながら仕事をする。

そこで、疑問がわいてくる。

「いったい誰がお客様を見ているのだろうか？」


上を見ていれば、顧客を見ていない！

「下っ端」が正解を知っている……

第二次世界大戦の終了後、このアプローチの盲点が浮き彫りになった。

戦争中に開発された飛行機や通信技術、戦争の直後に開発された標準コンテナの到来により、経済がグローバル化し、競争が一段と厳しいものになった。

お客様は多くのオプションから選択できるようになり、少数のマネジャーの限られた視野だけでは、顧客満足を確保できなくなった。

どうしても、より多くの人たちのマインド・脳力を、顧客のニーズを満たす方向に向けなければならない。

つまり、普通の従業員の発想力、知力、より高いレベルの意欲が必要になったのである。

企業がグローバル化すれば、離れた国にある事務所や顧客のことがどうしても見えなくなる。離れた国にある工場の現場もわからなくなる。

そして、本社から伝達されるトップ層の指示は、たちまち現実離れになってしまう。

突然、ラインにいる従業員は、マネジャーたちよりも、何が正しいのか、何が必要なのかがわかっているという事態が起こった。

そして、この新しいチャレンジ・問題に対して、それに相応なアプローチが必要になった。

古いパラダイムで経営をやり続ける企業は、新しいアプローチを取り入れた企業に取り残されるはめになる。

成功ほど失敗するものはない。

> グローバル時代において、
> 全員のマインド・発想・知力が必要であるのだ。

こうしないと、お客様は見えない

ひとりひとりの従業員がお客様のニーズに集中し、それを満たすために必要な意思決定を自らし始めるとどうなるだろうか？

従業員はお客様を見て、仕事をするようになる。

すると、マネジャーたちが、どうなるだろうか？

従業員はお客様のニーズに応えるために何が必要なのかを考え、マネジャーがその従業員たちをサポートするようになるだろう。

トヨタ生産方式の**アンドン**はこれである。

どの従業員でも、品質管理に問題があったり、生産工程に不具合が発生したとき、赤いボタンを押す。すると生産のラインが即座に止まってしまう！

従業員ひとりの力で、生産活動をすべてストップさせる権限を持ってしまっている。

古い独裁的マネジメント手法では、考えられないことである。

すると、マネジャーたちが、その従業員の作業場に走って行き、従業員の直面している問題の解決に当たる。

従業員がマネジャーの定義する問題を解決するのではなく、真逆なのだ！

従業員はマネジャーが定義する問題を解決するのではなく、マネジャーが従業員の抱える問題を解決しなければならない！

部長や取締役はどうなるだろうか？

マネジャーたちに仕えるようになる。

そして、社長はといえば、全員がお客様のニーズに応えるために必要な資源や環境が得られているかどうかを考え、みんなに仕えるようになるのだ！

そこで疑問に思うことだろう。

「一体誰が株主のニーズに応えるのだろうか？」

答は明白である。お客様なのである。

株主のニーズに応えるのは、お客様なのだ！

利益はほかの活動の副産物

お客様のニーズが満たされると、売上が向上し、利益率が高まり、株主がその結果として潤《うるお》う。

利益は直接追求することができない。

お客様のニーズに応える活動の副産物として生まれるまでである。

まさに、革命なのだ。

利益は直接追求することができない。ほかの活動の副産物にすぎない。

世界に君臨した才能開発経営

従業員にこのような権限や意思決定権を付与し、お客様に向いてもらうリーダーシップの手法が**TQC**（**Total Quality Control**）や**日本的経営**の中心となった。

そして、その結果はといえば、日本の企業が全世界に君臨し、世界二位の経済大国にまでのし上がり、全世界がそれを真似て、ひとりひとりの従業員の才能や能力を引き出すことに必死になった。

このアプローチは**エンパワーメント**と呼ばれ、**人材開発**に集中し、**メンタリング**を通して、従業員の能力を引き出し、教育し、信頼し、マネジャーたちと同様の意思決定ができるようにすることである。

ここでの原則は、「**才能の活用**」である。

人間は、赤ちゃんで生まれて、そのときは無能状態である。

しかし、計り知れない可能性を秘めている。

その才能を開発していくことが人生の目的であり、普遍の原則といえる。

そして、その才能を引き出すことに力をつくすことは、最大の錬金術である。人間は、その最高の姿になろうとする進化のプロセスを応援し、後押しをすることであるのだ。


人の才能を開発することは、錬金術の奥義である。

つまり、人はその最高の姿になれるように後押しすることなのだ。

あなたの会社は、チョコチップ・クッキーを作れる？

これをひとつの物語で説明しよう。


私があるホテルに宿泊したときのことである。

部屋に案内してくれた従業員に次のように話した。

「この系列のホテルに初めて泊まったとき、感動したことがありました。それは、夜食のルームサービスのメニューにチョコチップ・クッキーと牛乳が載っていたということです。すごくアットホームな感じがしました」

彼はその話を行儀よく聞いてくれて、それから、部屋の設備の説明を済ませて、帰った。

一週間後に、同じホテルに宿泊する機会があった。

部屋に案内してもらい、ナイトスタンドを見ると、手作りのチョコチップ・クッキー二枚が置いてあった。

それを見て、感動して、言い出した。

「素晴らしい心遣いです。これをやってくれた従業員にありがとうという一言を伝えてくださいね」

「はい、お伝え致します」

さらに二週間後、また泊まりに行った。

すると、ナイトスタンドのクッキーは四枚！

大ファンになり、それ以降一五〇回以上このホテルに宿泊している。

従業員に顧客の要望に応える権限、発想していいという許可を与える自然な結果なのだろう。

こんな時代もあったっけ？

この従業員の才能の活用こそが、第三世代のマネジメントのパラダイムになった。

最近では、従業員だけでなく、お客様にも決定権や力を付与するようになってきている。

中国の経済革命が何よりも、このトレンドを加速させることになった。

それまでは、企業は独自で生産システムを作り上げて、すぐれた生産能力を持っている企業は、自社製品のみを製造し、さほど能力のない企業はその下請けとして仕事を請け負う。

つまり、メーカーが流通チャネルの実質的なリーダーだったのだ。

昔は、メーカーが流通のチャネル・リーダーだった。

メーカーが生産する商品を、小売りなどに卸し、お客様はそこで提供される物の中から選ぶしかオプションはない。

当時は、トヨタ自動車に、「こうこうこのような自動車を作ってください」、あるいは松下電器に「こういうテレビを作ってください」とお客様や流通業者が頼んでも、自社製品のラインアップにならない限り、その注文を受け付けてはくれなかった。

一部のＯＥＭメーカーが引き受けることはあったが、それでも、大手組み立てメーカーが完全に君臨する時代であった。

中国経済が引き起こした流通革命

しかし、**中国の経済革命**に伴い、中国の企業は自社ブランドがないので、どんな注文でも引き受けることになり、いわゆる**オープン生産のプラットホーム**が初めて誕生した。

ウォルマートやセブン&アイ・ホールディングスといった大手流通会社が、お客様の要望を素早くキャッチし、商品を企画し、中国などの生産拠点に発注し、その商品を店に並べる。

またインターネットの革命により、お客様自らがオンラインで靴などの色やデザインを指定し、自分のために一足だけを製造してもらえる時代にまで発展した。あるいは、車の様々なオプションを選定し、注文を入れてから、自分だけの一台が製造される。

昔は、レコード会社やラジオ局が選んでくれる音楽を聞くしかなかったが、現代では、iTunesなどで、自分のプレイリストを作成したり、あるいは、Pandoraなどで、自分の好きな音楽ばかりが流れる独自のラジオ局さえも作れるようになった。

昔は、テレビ局が選定した番組を観るしかなかったが、現代では、ビデオ・オン・デマンドやYouTubeで、観たい番組や映像を観たいときに自分で選定できるし、普通のテレビチャンネルをまったく観ない視聴者が増える一方である。

そうすることで、チャネルの主導権が、メーカーや大手メディア会社から大手流通会社へ、大手流通会社からお客様へと移動してしまった。

つまり、自分のニーズを満たす力を直接お客様に与えられるようになった！

現代は、お客様がチャネル・リーダーなのだ！
自分たちで、商品をデザインする時代にまでなった。

心が虚しくなる一方

この時代は、エンパワーメントの必要性を意識しながらも、マネジャーたちの焦点は、けっきょく組織・プロセス・戦略に集まった。道具箱は、科学的経営のままだった。

人事考課システムの発達、生産管理技法の進化、品質管理運動、組織論の普及などが行なわれた。

そして、これらのシステムを構築し、企業の目的達成の方向に合わせることで大きな進歩を遂げた。

こういうシステムを整えることの原則は、**一貫性**、つまり全員の力をひとつの方向に向かせ、それを支える組織やプロセスを作るということであるが、これにより生産性は大きく向上したし、人間の力は今までよりも大きく引き出されたことは間違いない。

と同時に、企業活動による環境汚染や様々な不祥事も発生し、能率を追求する一方リストラなども繰り返され、「このままでいいのだろうか？」という思いが多くの人の心の中に強まった。

物質的に豊かになったものの、心が虚しくなった。

王様のエネルギーによるエンパワーメントではなく、けっきょくのところ、魔法使いのエネルギーによるシステムの確立に終わってしまった。

本当のエンパワーメントを実現し、人間の最大の動機を引き出すためには、まだ不十分であった

……

演習

あなたの会社における意思決定は上を意識した決定が多いのか、お客様を意識した決定が多いのか？

お客様のニーズを無視した意思決定や行動には、具体的にどのようなものがあるだろうか？

部下たちにどのぐらいの権限を与えているのか？

さらに大きな権限を与えるために何ができるか？

直接お客様に対してより大きな力を与えるために、どういう工夫ができるのだろうか？

あなたの会社に魂はあるのか？

人生の意味は、人類に仕えることである。
――レフ・トルストイ（ロシアの小説家）

一億円の給与はどう？

ここで想像してみてもらいたい。
あなたに仕事のオファーが届いている。

給与は年間億単位という高額。
どうだろうか？
やる気が大きくわき起こるだろう。

しかし、そこでちょっと待ってください。
話をよくよく聞いてみると、その仕事を引き受けると、これから三〇年間一切ほかの人間に会えなくなる。

お金の意味は一瞬にして失せてしまう！

経済的なニーズを満たすだけでは、不十分である。

社会・情緒的なニーズも満たさなければならない。


経済的なニーズを満たすだけでは、不十分である。

毎日、穴を掘る？


また考えてみよう。

仕事のオファーが届いている。

収入は億単位。

そして、最高の仲間が集まっている職場で、コミュニケーションもよく、みんなが親切に接してくれる。

やる気が大きく向上するだろう。

しかし、そこでちょっと待ってください。

話をよくよく聞いてみると、その仕事の中身は、単調な作業を繰り返すだけである。何回も同じ穴を掘って、埋め直すだけである。

お金も欲しいし、仲の良い人と働くのは魅力的だが、何のチャレンジも変化もなければ、やる気が減るだろう。

経済的なニーズを満たすだけでは、不十分である。

社会的なニーズを満たすだけでは、不十分である。

知的なニーズも満たさなければならない。


良い人間関係だけでは、不十分である。

あなたの心が燃えない訳

また考えてみよう。

仕事のオファーが届いている。

収入は億単位。

そして、最高に仲のいい職場で、コミュニケーションもよく、みんなが親切に接してくれる。

また、その仕事には様々なチャレンジがあり、創造的な問題解決も要求され、多くの教育を受ける機会が与えられる。

やる気は最高に出てくるだろう。


しかし、そこでちょっと待ってください。

話をよくよく聞いてみると、その仕事を通して、多くの人を悲しませ、社会に大きなダメージを与えることになる。


真心より喜びながら、仕事ができないに違いない！


経済的なニーズを満たすだけでは、不十分である。

社会的なニーズを満たすだけでは、不十分である。

知的なニーズを満たすだけでは、不十分である。

精神的なニーズも満たさなければならない。


面白いだけでは、不十分だ。

人の命を救っているから

人間には、四つの側面がある。

戦士、恋人、魔法使い、王様である。

身体、心、脳、魂である。

そして、自分の中の王様、魂そのものは、貢献し、**意味と意義**のある人生を送ることを要求している！

人生に意味と意義がなければならない。

生きること、愛すること、学ぶこと、貢献すること、この四つのニーズが満たされて、初めて人間の最大限の力が引き出される。

まさに、**第四世代のマネジメント・パラダイム**なのだ！

戦後の人材能力開発とシステムの構築により、人のマインドには届いたが、魂にまで届いていない。

また不思議なことに、この意味と意義のニーズが十分に満たされれば、残りの三つのニーズが満たされなくても、大きなやる気を感じ、自分の使命を全うすることができる。

意味と意義を十分に感じていれば、残りのニーズが満たされなくても、やる気を持って、頑張ることができる！

インドの独立を手がけたガンジー、平等の権利を目指した黒人の運動家たち、国を他所《よそ》の侵略から守ろうとする若者、子供のために大きな犠牲を払う母親、毎日自分の身体を危機にさらしてまで重病の患者を看病する医師や看護師、より大きな意味のために大変な犠牲を払う人間の例はいくらでもある。

夜遅く医師である友達と話していた。

友達は大変疲れている様子で、勤務は長時間続いていて、また学会などで出張も多く、最近自分のための時間はほとんどとれていない。

そして、夜中にも関わらず、集中治療室にこれから戻ると言う。

「大変ですね」と私が言うと、

「はい、でも人の命を救うのです」と微笑んで答えた。

人の命を救うという大きな意味と意義がある以上、辛さに耐えてでも、その仕事にやる気を見いだしているのである。

最近、社会の中に見られるようになったNGOやボランティア団体もこの現れである。活動は有意義で、大きな意味を持つものであれば、人は余暇を捨ててでも、給与がもらえなくても、危険な地域に住む必要が伴っていても、真心より喜びながら働くのである。みんなが意味と意義に飢えている。


あるとき、松下幸之助がとある宗教法人の本部を訪れた。

そして、そこで働くボランティアの姿を見て、強く心を打たれた。

それは、賃金をもらっていないのに、自分の会社の従業員以上に元気よく働いていたからである。


その理由は明白であった。

自分たちのやっていることは大業《たいぎょう》だと思っていたからである。


その衝撃を受けて、松下が考えた。

宗教だけが偉業ではない。

自分の会社も偉業であるはずだ。

人間は物質的に豊かにならない限り、精神的に豊かになるのも難しいことだろう。

そして、自分の会社を通して、人間は物質的に豊かになることを応援し、それをもって大業とする。

事業にそれだけの意味を持たせることで、世界中の社員たちが大きく精を出し、日本最大の会社にまで発展させた。
あなたの人生に意味と意義を与えるものは何だろうか？
自分の人生そのものをかける価値のある仕事は何だろうか？
自分の命以上に大事なものは何だろうか？
自分の企業はどのようにすれば、大業と見ることができるだろうか？

自己超越への道
原則中心リーダーシップのパラダイム・地図は、人間の全体像を捉え、この四つのニーズすべてに目を配るものである。

そして、その四つのニーズに合わせて、四つの質問をするようになる。

1　あなたの**給与はどうですか？**
今の賃金で、やっている仕事に対して公正といえるだろうか？
2　**お元気ですか？**
家族はどうですか？　同僚との関係はどうですか？

3　あなたの**意見は何ですか?**
　　この仕事を改善するためにどうしたらいいと思いますか?　この問題をどのように解決すべきだとお考えですか?
4　あなたにとって、**本当に大事なものは何ですか?**

この原則中心リーダーシップは、今までのマネジメント・アプローチとまったく異なるものである。

人間を単なる資源、人材と見ていないからである。
その人自身に価値があり、意味がある。

人はプログラマーである。
残りのすべてが、その人によって動かされるプログラムにすぎない。

人間に計り知れない価値がある!

自己実現が最高のレベルではない。
自己超越が必要である。

そして、人生の最高峰は、ほかの人がその人生の目的を果たせるように助け、彼らの自己超越を応援することになる。


ここで考えてみてもらいたい。

売上や利益を超えて、あなたの会社の存在意義は何だろうか？

社会にとって、この会社が絶対に運営されていなければならない理由は何だろうか？

あなたの人生に意味がある

ここでの原則は**意味**である。

人生には意味がある。

会社経営には意味がある。

そして、その意味を明確にし、それを追求することは、人生の最大の喜びになり、多くの支持者達を集めることになり、大きな成功に結びつく。

第二次世界大戦後、日本の政財界の指導者たちがひとつの言葉に集まった。

「おいつけ、おいこせ！」

悲惨な状態から日本を救い出し、全国の人々に経済的な豊かさを届けるというビジョンであった。

そのビジョンには大きな意味と意義があった。

そのために多くの犠牲を払い、寝食を忘れて働き、そして、今私たちが住んでいる楽しい豊かな社会を築き上げた。

ウォルト・ディズニーが、親子ともに楽しめる夢の国を想像し、どうしてもそれをみんなに届けてあげたいと考えた。

そこには大きな意味と意義があり、多くの困難を乗り越える価値がある。

だから、銀行に一〇〇回以上融資を断られても、諦めず、ディズニーランドを建設できたのである。

ケネディ大統領は、月面計画を打ち出した。

この計画ほど、人類に感動を与えるものはないと宣言し、その意味を強調した。

問題はひとつだけだった。

その時点で、人間を月まで送り込み、生還させるに必要な技術はひとつも存在しない。

そして、その計画が始まるや否や、ケネディ大統領が暗殺されてしまった。

しかし、この計画の大きな意義に燃える人たちがあらゆる困難を乗り越え、新技術を開発し、多くの発明をし、その能力をフルに発揮し、パソコンも存在しない時代に、月面計画を成功させたのである。

ビル・ゲイツがコンピューターによって、世界の人々がエンパワーされる夢をみた。またスティーブ・ジョブズが、コンピューターに使いやすさ、美しさ、センスの良さを取り入れなければならないと考えた。ふたりのビジョンが、私たちの住む世界を激変させた。

マーティン・ルーサー・キング・ジュニアは、国民全員が平等な権利を持って生きることに人生の意味を見いだした。

そして、その意味のために、フォロワーたちがバスに乗ることを拒否し、仕事場まで毎日徒歩で通勤し、殴り返すことなく警察のあらゆる残忍な行為を受けて、牢屋にも入れられ、やがて、社会におけるしかるべき地位を勝ち取った。

私の周りのチームが、『7つの習慣』に含まれる正しい原則を日本の皆様に届けることに大きな意味と意義を感じた。

どうしても成功させなければならない。

その本はすでに日本最大の出版社から出版され、三年間かけてやっとのところ五〇〇〇部を販売し、絶版になっていた。

しかし、それではダメである。

あらゆる困難を乗り越えて、経験、技術、資本もない中で、新しい出版社を立ち上げ、出版権利を取り返し、再翻訳し、また売り出した。そしてありとあらゆる努力をかけて、一九〇万部のベストセラーになるまで持っていった。

小さい計画を立てるな！

アメリカの建築家ダニエル・H・バーナムが次のように表現した。

「小さい計画を立てるな。小さい計画は、人の心を動かす力がなく、達成されないであろう。大きい計画を立てよう。高く目指し、希望し、働け！　気高い図表は一度記録されれば、それは無くなることはない。私たちがいなくなってはるか後《のち》になっても、生き物となり、その存在を訴え続けるのだ！」

意味と意義さえ明確になれば、人間のできることに限界はない！

大きなビジョンを持ち、それに意味と意義を見いだしていれば、できることに限界はない！

そして、その意味と意義を人に与えることは、王様と呼ばれるべきリーダーの最大の特徴といえるのではないだろうか。

演習

あなたの人生の意味と意義は何だろうか？

あなたの会社の存在意義は何だろうか？

どうしても成功させなければならない偉大なプロジェクトは何だろうか？

それを成功させなければならない理由は何なのか？

世界から姿を消したらあなたが悲しむ会社を三つリストアップしてみてください。

1

2

3

あなたがこれらの会社にそれだけの意味と意義を感じている理由は何だろうか？

1

2

3

売れる商品の秘訣！

口紅を売っているのではない。希望を売っているのだ！
——チャールズ・レブソン（化粧品業界の開拓者）

ヒット商品の四つの形

企業経営をする中で、当然ながら従業員だけでなく、お客様にも動機づけしていく必要がある。そして、お客様も人間なので、四つのニーズがその鍵を握る。それは経済的ニーズ、社会的ニーズ、知的ニーズ、そして精神的ニーズである。生きること、愛すること、学ぶこと、貢献することなのだ！

お客様は従業員と同じ四つのニーズを持っている！

商品設計の段階から、お客様のどのニーズに応え、お客様にどのような気持ちを届けようとしているのかを考えることは肝心である。

この作業をしない限り、お客様は商品を受け取っても、気持ちの変化を受け取れず、けっきょくは不満に終わってしまう。

商品を受け取っても、気持ちの変化を受け取らなければ無意味である。

・たとえば、投資商品を売るときはどうだろうか？
これは**経済的ニーズ**に応えるもので、金銭的な不安からの解放が要求される。
投資しながらも、毎日不安を感じているならば、けっきょくお客様は不満になり、顧客フォローに忙しい毎日になってしまうだろう。

また健康食品などはどうだろうか？
これも生存のニーズであり、健康喪失の恐れから解放してあげるか、またはすでに発生している肉体的な痛みから解放してあげるかが中心になる。

・クラブを経営するならば、**社会的ニーズ**が要求される。つまり、孤独から解放されたい。寂しさから解放されたいというわけである。
どれだけそこで会話を楽しむことができるのか、どれだけ人間のつながりを感じられるのかが鍵を握る。

・ゲームを販売する場合はどうだろうか？
お客様の**知的ニーズ**に応えることがメインになるだろう。つまり、退屈な毎日に変化を持たせ、バラエティをもたらし、チャレンジを与える。
ゲームの評価は技術的にどうとかではなくて、そのゲームで遊ぶとき、どれだけ退屈な気持ちから解放されるのかということなのだ。

・宗教やボランティア活動を広めるときはどうだろうか？
これは**精神的ニーズ**であり、そこでより崇高な力とつながっている気持ちや、人間の幸せや社会そのものに貢献しているという実感がほしい。

しかし、このニーズは宗教だけに限らない。

ハイブリッド車の人気は、このニーズから少なからぬ影響を受けている。

ガソリンの消費を減らすことで、自分は地球の温暖化の解決に貢献しているという実感が得られる。


売れる商品の秘訣は、生きること・愛すること・学ぶこと・貢献することの四つのニーズのいずれか、またはその複数に応えるということだ！

そういう商売を行なっておりません

あるとき、私は超一流ホテルの創業者に会う機会があった。

そこで、彼はとても興味深い話をしてくれた。

「この街には、ほかのホテルがあります」

つまり、事業をする上で、競合相手があるのだし、お客様には様々な選択肢があるということを忘れてはならない。

「そのホテルには、部屋があります。食べ物があります。飲料があります」

その方はとても紳士なので、これ以上の侮辱の言葉を発することはないだろう。

つまり、普通のホテルには、これだけしかないと言っている。

商品がある。

それだけだ!

彼は続けて言った。

「しかし、当社はそういった商売を行なっておりません。サービスビジネスです。それだけ単純で明快なことです」

つまり、真心のサービスを提供することで、お客様に気持ちの変化を届けてあげるということだ。

一流ホテルに泊まりに行くとき、優雅な気持ちになりたいと思うのだろう。

そこに行って、素晴らしい部屋があって、美味しい食べ物と飲み物があって、しかし、ちっとも優雅な気持ちにならなかったらどうだろうか？

一巻の終わりである。

これはブランド確立の秘訣である。

そして、その精神を忘れた日には、ブランドが崩壊し、普通の会社になってしまう。

お客様の心を解放せよ！

最も売れる商品はどのようなものだろうか？

それは以下のニーズのいずれかに応えるものである：

1　**経済的ストレスや健康の不安また痛みからの解放**（生きること）
2　**寂しさや孤独からの解放**（愛すること）
3　**退屈からの解放**（学ぶこと）
4　**虚しさからの解放**（貢献すること）

だから、商品を設計するとき、どのようなニーズに応えるものかを十分に検討し、またどのような気持ちの変化を提供するものかをよくよく考えてみよう！

中毒になる商品のカラクリ

複数のニーズに目を向けることもできる。

・たとえば、ゲームに社会的ニーズを取り入れるならば、マッシブリー・マルチプレイヤー・オンライン・ロール・プレイング・ゲーム（MMORPG）などを開発し、ゲームを楽しみながら、オンラインでほかの人とのつながりを作り出す工夫をするだろう。

・あるいは、ハイブリッド車の場合、環境に対する良さだけでなく、燃費の改善によって得られる経済的ベネフィットもアピールできる。

・インターネットがあれほど早く全世界に広がったのは、なぜだろうか？　それは、退屈からの解放と寂しさからの解放というふたつのニーズに同時に応えたからである。

あなたの商品やサービスは、どうだろうか?
どのようなニーズに応えているのだろうか?
どのぐらいうまくそのニーズを満たしてあげているだろうか?
どのぐらいお客様の気持ちを変えることができているのだろうか?

中毒になれるほど、お客様を喜ばすことにしよう……

資金集めも同じ原則

銀行から融資を受けようとする場合はどうだろうか?
まったく同じである。
銀行の四つのニーズを考えなければならない。

当然ながら、銀行の経済的ニーズに応えなければならない。
どのような担保で、元金の安全を保証できるのか?
どのような事業計画で、その利子・利息の支払いを確保していくのか?

しかし、それだけではない。

社会的ニーズはどうだろうか？

この融資をすることで、メインバンクに位置づけられるようになり、顧客との関係を改善できれば、なお良いだろう。

知的ニーズはどうだろうか？

この融資は、銀行にとって、新しい商品の開発や、新しい能力の蓄積になれば、それも興味深い。

そして、精神的ニーズは、銀行といえどもかなりウエイトが大きい。

その融資により、どのように社会に貢献し、雇用を生み出し、インフラが整備され、公害がなくなり、食品の安全が確保され、つまりどのようにして、この融資は有意義なものなのか、それを聞きたい。

生きること、愛すること、学ぶこと、貢献すること。

今日から、より有意義な事業を運営し、より有意義な人生を送るようにしよう！

演習

あなたの提供する商品やサービスはどのようにこの四つのニーズに応えるのだろうか？

お客様にどのような気持ちの変化を届けるようにしているだろうか？

どうしたら、その気持ちの変化をより確実にお客様に届けることができるだろうか？

要約：原則中心リーダーシップのパラダイム＝四つのニーズ

炎なくして、蝋燭《ろうそく》が燃えない。精神的な生活なくして人間は燃えない。
――ブッダ

ここまでの「**原則中心リーダーシップのパラダイム**」をおさらいしておこう。

今までのマネジメントのアプローチは、人間のニーズの発展に沿って、進化してきた。

・**科学的経営**：生きること＝経済的要求＝戦士
・**人間関係論**：愛すること＝社会的要求＝恋人
・**人材開発論**：学ぶこと＝知的要求＝魔法使い
・**原則中心リーダーシップ**：貢献すること＝精神的要求＝王様

経済的ニーズだけに集中する時代から、相手を親切に扱う、または従業員のアイディアや才能を引き出すという時代があった。

そして、今の原則中心リーダーシップでは、貢献と意味に集中し、それにより、人間の最高の動機づけを引き出し、**内なる炎**が灯《とも》される。

そのとき四つの原則を大切にしている。

それは、**公正**、**親切**、**才能の活用**、**意味と意義**の四つである。

究極において、あなたのリーダーとしての役割は、従業員のために、お客様のために、この四つのニーズを満たし、そして何よりも人生の中に大きな**意味と意義**が感じられるように導くことであるのだ！

哲学者ハワード・サーマンの言葉を借りて言うならば、

「世界は何を必要としているのかを問いかけるな。自分を生き生きさせるものは何かを問いかけよう。世界が必要としているのは、生き生きしている人たちだからである」

ここで、原則中心リーダーシップのパラダイムを**簡素化した図**を紹介しよう。

この図は、四つの区切りからできている。

つまり、組織の四つのレベルであり、四つの元型であり、四つのニーズを指す区切りなのである。

N
顧客のニーズ
システム
リーダーシップ
人間関係
個人

中心にあるのは王様であり、王様の打ち出すミッション・目的・ビジョンである。これを、**リーダーシップのレベル**と呼んでいる。

そのミッションに共鳴し、それに賛同する人たちが集まる。これは**個人のレベル**になる。

個々人が集まると、人間関係が誕生する。つまり、お互いにどのように接するかである。これは**人間関係のレベル**と呼ぶようにしている。

そして、最後に、その人間関係が組織として固定され、ミッションを成し遂げていくための戦略、組織、プロセスなどが打ち出される。これを合わせて**システムのレベル**というふうに言っている。

そのすべてには原則があり、真北を指し、顧客のニーズを満たす方向に向かせることを理想としている。

言うまでもないかもしれないが、この四つのレベルはすべて、相互に影響を及ぼし合っている。

リーダーシップのレベルで打ち出されるミッションによって集まる人たちが違ってくるし、集まる人によっても、ミッションと価値観が変わる。人間関係の質がシステムのレベルにおける組織のあり方にも影響するし、また会社の作り出すシステムが人間関係にも影響している。システムのレベルで描く戦略によって、募集する人たちも変わるだろうし、実際に集まってくれた人たちによって、実践できる戦略の中身も異なる。

これはひとつの**生態系**であり、簡単に理解することもできるが、しようと思えば、いくらでも難しくできるだろう。

ここで、まず簡単に理解しよう。

個人・人間関係・システム・リーダーシップ。

そして、リーダーシップのレベル、王様のレベルは、大切な原則を定義するレベルになるから、それを中心に位置づけて、原則中心のモデルになっている。

また、四つのニーズ、四つの元型をはめ込むとなれば、次のようになるだろう。

ここまでの話をこの**四つのレベル**で整理するとすれば、次のようになる。

レベル	元型	ニーズ	要求段階	マネジメント・パラダイム	比喩	原則
個人	戦士	生きること	生存・安全	科学的経営	胃	公正
人間関係	恋人	愛すること	愛・帰属	人間関係論	心	親切
システム	魔法使い	学ぶこと	自己実現	人材開発論	脳	才能の開発
リーダーシップ	王様	貢献すること	自己超越	原則中心リーダーシップ	魂	意味と意義

第4章

リーダーシップの四つの役割

NASAの問題解決技法

失敗せよ。また失敗せよ。もっとよく失敗せよ。

――サミュエル・ベケット（アイルランド詩人）

失敗をなくし、成功せよ！

ケネディ大統領が月面計画を発表したとき、大きな問題がひとつあった。それは、人を月まで送り込み、生還させるのに必要な技術はひとつも存在していなかったということである。

しかし、それ以上に大きな問題があった。

それは、これほど大きなプロジェクトを管理する手法もなかったということだ。

NASAで、月まで人を送り込み、また生還させるには、どうすればいいのか、項目をリストアップし始めた。

しかし、キリがない。

収拾がつかないし、どこから着手すればいいのかわからないし、流れが複雑すぎて、まったく地図が描《えが》ける見込みがない。

そこで、打ち出された新しいプロジェクト管理技法は、「**失敗回避**」という技法であった。

成功の方法がわからなければ、失敗を回避せよ！

月まで行ける究極の質問とは？

ひとつの質問をしてみる。

もし、一〇年後になって、まだ「人を月に送り込み、生還させる」という目標を達成できていないとすれば、その理由は何だろうか？　一番可能性の高い原因は何だろうか？

答えは、十分に安定したロケット燃料の開発に失敗しているからである。

そして、また質問をする。

もし、一〇年後になって、安定したロケット燃料の開発ができていても、まだ「人を月に送り込み、生還させる」という目標を達成できていないとすれば、その理由は何だろうか？　二番目に可能性の高い原因は何なのだろうか？

答えは、人間が宇宙で食べる、排泄をするなどの生理的問題を乗り越えていないからである。

そして、また質問する……

この目標を達成できなかったら、その理由は何だろうか?


そこで、この失敗の要因をひとつずつ取り除くことに着手した。

失敗の要因がすべてなくなったら、残るのは、成功だけである。

「人に小さな一歩。人類には、大きな飛躍」

と言いながら、ニール・アームストロングが月面を足下に置いた。


失敗の要因がすべてなくなったら、残るのは、成功だけである。

組織の四つのレベル

私たちのリーダーシップも同じといえる。

組織を考えたとき、それは四つのレベルにわけることができる。

個人、人間関係、システム、リーダーシップの四つである。

組織といっても、それは個々人の集まりにすぎない。だから**個人**からスタートせざるを得ない。

そして、ひとつの目的のために、個々人が集まると、その人たちの間に**人間関係**が生まれる。

お互いにどのように接するのか？

信頼はどのぐらいできているのか？

その人間関係、お互いの接し方と作業のやり方が、**組織構造**と**作業のプロセス**に落とし込まれ、ミッションを達成するための**戦略**も打ち出される。これは会社の**システム**である。

また、ミッションを明確にし、みんなをその達成に参加させ、そこで行なわれる仕事や作業を管理するための**リーダーシップ**が必要になる。

リーダーシップの四つの抑止力

そこで、四つの**失敗要因**あるいは**抑止力**が出てくることになる。

個人のレベルでは、「**自己背信**」である。

つまり、自分の**良心**に背く行為である。

やるべきだと思っていてもやっていないことがある。
または、やってはいけないと思いながら、やってしまっていることがある。
簡単に言ってしまえば、ベストをつくしていないということだ。

個人の成功を妨げる失敗要因は、自己背信である。
つまり、自分のベストをつくさないということだ。

自己背信を繰り返し、自分に対しても嘘をつき、ベストをつくしていない人々が集まると、人間関係はどうなるだろうか？

それは、「**不信関係**」になってしまう。
自分を信じることもできない人は、他人を信じることがあろうはずもない。
また、良心に背いている人を信じても、裏切られることがオチである。

人間関係の成功を阻む抑止力は、不信である。

そして不信関係になった以上、どういうシステムを構築するだろうか？

少し考えてみてください。


まず、組織階層はどうなるだろうか？

多くなる。

なぜなら、部下を信じていないから、見張らないといけないないし、ひとりのマネジャーが見られる部下数が極めて限られてしまうからである。


そこで、どのようなプロセスを構築するだろうか？

管理するためのプロセスである。


お客様のニーズやミッションの達成ではなく、従業員の不正行為を防ぐことが目的になる。


方針などはどうなるだろうか？

現場での判断をすべて禁止してしまう。

コンピュータープログラムを作るとき、変更を受け付けないシステムにする。

すべてが上で決めたことを実行するだけになる。


すると、共通の目的意識もなく、権力争いやセクショナリズム（自分の属する部局や党派の立場に固執し、ほかと協調しない傾向、あるいは縄張り意識）がわき起こり、システムの趣旨と会社の目的が合わない、みんなが「バラバラな方向性」を持ってしまう。

システムのレベルにおける失敗要因は**相反する目標**である。

こういう組織の中では、**リーダーシップ**のスタイルはどうなるだろうか？

「**コントロール・スタイル**」になるほかない。

どんなに権限委譲を進めて、作業を人に任せようと思っても無理な相談である。そもそも信頼できない。常に見張り、いちいち細かく指示をし、チェックをし、管理を徹底的にしなければならない。

そして、リーダーシップのスキルについては、管理と統制のスキル体得に集中し、エンパワーメントを考えることはない。

また、個人のレベルで、リーダーの支配意欲に反発して、さらに悪い行動に走る一方になるだろう。

リーダーシップの失敗が相手をコントロールし、
管理しようとすることに起因している。

会社のブレーキを解除せよ！

会社が失敗するのは、この四つの原因による。

自己背信、**不信関係**、**バラバラな方向性**、**監視と管理のリーダーシップ・スタイル**である。

つまり、**理論的な問題**ではなく、**心理的な問題**である。

この問題を取り除くのは、リーダーの役割になる。

会社を失敗させる抑止力

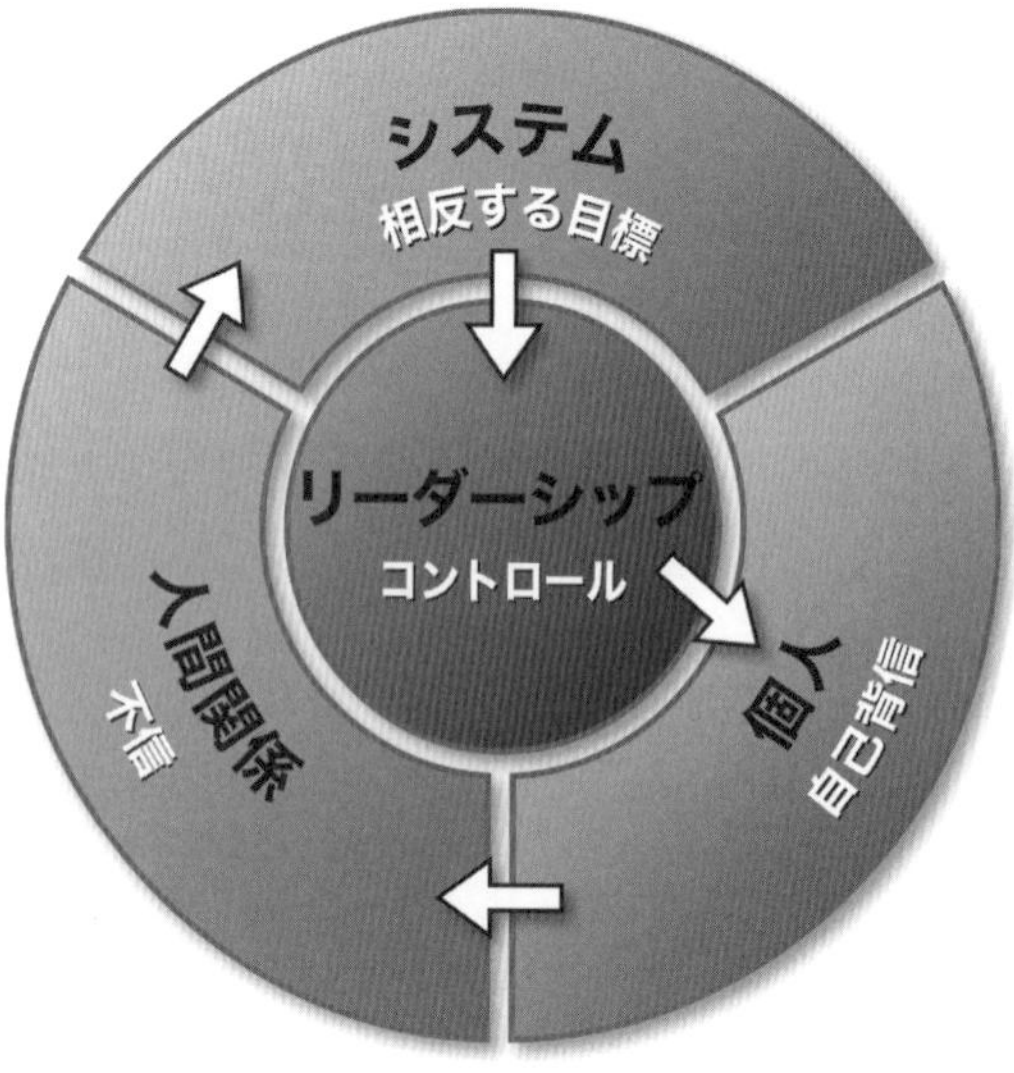

あなたの役割は、この失敗要因を取り除くことにあるのだ。

これらの抑止力をなくさない限り、どんなに会社の目標に向かっていこうとしても、ブレーキを踏みながら高速道路を走るようなものだ。

しかし、このブレーキを解除できれば、アクセルを少しでも踏めば、Ｆ１のレースカーと同じようなスピードで会社が動くに違いない。

演習

あなたのやるべきことで、やっていないことは何だろうか？

やってはいけないと思いながら、やってしまっていることは何だろうか？

ベストをつくしていない場面は何だろうか？

今の会社に、不信が出る場面は何だろうか？

その原因は何だろうか？

会社にバラバラな方向性が出ているだろうか？（具体的に）

その原因は何だと思うのだろうか？

従業員を監視しなければならないと思う場面は何だろうか？

その理由は何だろうか？

会社の唯一の問題は、あなたなのだ！（役割１：モデリング）

勝つことにどのぐらい決意しているだろうか？　よき友達であるということにどのぐらい決意しているだろうか？　信頼されるに足る人間であることに対してどうだろうか？　よき父であること、よきチームメートであること、よき模範であること、成功することに対してどうだろうか？　成功することに対してどのぐらい決意しているだろうか？　毎朝、鏡を見るとき、それを考えなければならない。

——レブロン・ジェームズ（バスケットボールのスーパースター）

成功するリーダーは誰？

私は、経営者を指導するとき、いつも言う言葉がある。

それは、

「あなたの会社の唯一の問題はあなたなのだ」という言葉である。

会社だろうが、その中の部や課だろうが、原則は同じである。

リーダーであるあなたにかかっていると言うほかない。

会社の唯一の問題はあなたである！

ピーター・ドラッカーが会社の手綱を引いたら、どうだろうか？

松下幸之助があなたの会社の経営者になったら、成功できるだろうか？

ジャック・ウェルチが社長の座に就いたら、どうだろうか？

本田宗一郎に任せたら、業績はどう変わるだろうか？


必ずその会社を成功させることのできるリーダーがいるはずである。

あなたがそのリーダーになればいいだけの話だ。


ここですぐ気づくことがあるはずである。

それは、会社の有意義な変化はすべて、**インサイド・アウト**でなければならないということだ。

究極において、あなたの模範から変えていかなければならない。


ほとんどのマネジャーは外枠の組織構造やプロセスから変えていこうとするが、自分の模範抜きには、どうにもならない。

経営を研究する学者たちのデータをみれば、リストラやリエンジニアリングの七〇％以上も、望む結果にいたっていない。

個人のあり方、組織文化、信頼関係などにメスをいれずして、戦略・プロセス・組織構造を変更してもけっきょくうまくいかない。

経営コンサルタントの間で、冗談まじりに話される。

「会社はどうすべきかは知っているが、言ってもできるわけがない！」

リストラやリエンジニアリングの七〇％は失敗に終わる。
リーダーが先に変わらないとダメだ！

企業は生き物である。

作るのではなく、育成するものである。

そして、リーダーの模範という根っこがなければ、顧客満足や利益向上などの果実を刈り取ることはできない。

苦手なことへの挑戦

優れたリーダーが、**四つの元型**のそれぞれのエネルギーを発揮している。

戦士の実行力、恋人の愛と思いやり、魔法使いの分析力と人を成長させる洞察力、そして王様の偉大かつ正当なビジョンを持っている。

しかし、そのすべてが戦士のエネルギーからスタートしており、生命力そのものから始まるものである。

戦士の理想は万国共通のものなのだろう。
それは、**実行力**と**名誉**である。

実行力とは、つまり有言実行ということだ。

言うこととやっていることが一致している。
自分のやろうともしないことを他人にも要求しない。

言うこととやることを一致させることだ!

はっきり言っておこう。

リーダーは他人のやらないことを先駆けてやる人ではない。

リーダーは自らのやらないことを先行してやる人なのである。

自分の苦手なことでも、尻込みをせずに行なうからこそ、ほかの人にも、その人の限界を超えた成果を要請できる。


自分の苦手なこともちゃんとやることだ!


戦士のエネルギーは規律のエネルギーである。

つまり、枠とルールを守ることである。

そして、この規律というのは、事前に決めたことを決めた通りに行なうということだ。

朝四時に起きて運動すると決めていれば、朝四時に起きて運動をする。

これは真のリーダーへの道である。


規律とは事前に決めたことをその通りに行なうことだ。

営業で億万長者になった友人のトム・ブラックが次のように言っている。
「成功という場所に住みたいと思うのであれば、毎日その家賃を払わなければならない!」

名誉ある生き方

名誉とは、正しい原則から離れないということである。

武田信玄がとても参考になるだろう。

「風林火山」という言葉が氏の旗指物《はたさしもの》に記されていた。

これは、「速きこと風の如く、静かなること林の如し、侵略すること火の如く、動かざること山の如し」の略であった。

つまり、魔法使い、恋人、戦士、王様の四つの元型を指している。

そして、戦場において、その頂点は、動かざること山の如しである。

原則からびくとも動かないということであり、敵に対してでも不名誉な振る舞いがあってはいけないということなのだ。

日本語に「**敵に塩を送る**」という諺はあるが、これは、武田信玄の領土では塩が取れず苦しんでいるとき、上杉謙信が、義を重んじて、越後から信濃へ塩を送り、信玄とその領民を助けた出来事に由来している。

名誉は名誉ある行動を呼び、戦士の理想像とされている。

だから、リーダーとして、あなたは生活の中心に原則をおき、原則から外れた商売を行なおうとすることもなく、その模範がみんなの心に響き、初めて従ってくれることになるだろう。

崩れない原則が中心にあると確信するまで、激しく変化する戦場の中で、安心して働くことはできない。

すべてがあなたの模範にかかっている。

原則から離れないからこそ、人が従ってくれる。

言葉は聞こえない、行動が聞こえる

あなたの姿勢があやふやであれば、従業員もあやふやになり、すべてが状況次第で、そのときの潮に押されて、流木のように流されてしまう。

昔、あるインドのお母さんが子供のことを心配していた。

お菓子の食べすぎで、肥満体質になってしまったのである。

しかし、子供は母の言うことを聞こうとはしない。

そこで、かなり悩んだあげく、ガンジーのところに連れていくことにした。ガンジーくらい偉大な人間が言ってくれれば、聞くだろうと思った。

長い列車の旅を終え、ガンジーに対面した。事情を説明して、そして、ガンジーに「砂糖を食べないように言っておいてください」と嘆願した。

ガンジーの返事が意を逸《そ》らしたものであった。

「一週間後にまた連れてきてください」と言うのだった。

「長旅だし、一言そう言ってくれればいいだけですよ」と押しても、
ガンジーの返事はやはり、

「一週間後にまた連れてきてください」と変わらない。

しかたなしに、故郷に帰って、一週間後にまた汽車に乗り、ガンジーの元に子供を連れて行った。

そこで、ガンジーは坊やに向かって淡々と言い出した。

「砂糖は身体によくないから食べるのを止めましょう」

お母様は相当不服だったのだろう。

「それを言うだけだったら、なぜ先週言ってくれなかったのですか！」

ガンジーが答えた。

「先週、私も砂糖を食べていました」

模範に勝る説得はない。


模範に勝る説得はない。

あなたの**信頼性**は、あなたの模範によって示される。
そして、信頼性があって、初めて信頼が可能になる。

演習

あなたの生活の中心におくべき原則は何だろうか？

あなたの商売を司る原則は何だろうか？

あなたにとって、名誉とはどういうものだろうか？

みんなにより良い模範になるために、何ができるだろうか？

信頼なければ、利益なし（役割２：メンタリング）

成功する人は、常に他人を助ける機会を探している。成功しない人は、常に自分の利益を探している。
――ブライアン・トレーシー（自己啓発作家）

コミュニケーションは信頼残高から

模範になることに次いで、リーダーに必要なものは、愛と思いやりであり、相手にとってメンターになり、その人の成長と成功を応援することなのだろう。

コヴィー博士は『７つの習慣』の中で、**信頼残高**という概念を教えている。つまり、相手との関係において蓄積している信頼の度合いを銀行口座に例えることができるということである。

信頼を増やす行動は「**預け入れ**」と呼び、信頼を減らす行動のことを「**引出し**」と言う。そして、預け入れと引出しの結果が、今の「信頼残高」ということになる。

信頼残高が高ければ、コミュニケーションはスムーズに捗《はかど》り、相手はこちらの話もよく聞いてくれるし、やることすべてにスピードが出る。
そして、現代経済において、スピードが勝ちである。

また、厳しいことを言う必要があっても、心配はない。
こちらの真意を汲み取ってもらえる。

しかし、残高が低ければ、コミュニケーションはどうだろうか？
容易に想像できるだろう……

言葉ひとつ間違うだけでも、大変なことになる。
すべてが疑心暗鬼《ぎしんあんき》になる。
複雑な契約書が必要になる。
争いが絶えない。

従って、この信頼残高は言うまでもなくリーダーにとって必須である。

信頼残高が高いと、コミュニケーションのスピードが高まる。

毎月のコーチング面談

そこで、この残高の本当の作り方について考えておきたい。

部下との関係においても、顧客との関係においても、これが作れる人は成功する。できなければ、敗北が待っている。

正直や誠実、約束を守るなど、基礎的な預け入れがすぐに思い浮かぶだろう。確かに大切なことだ。

しかし、長年にわたり、この概念をビジネスで応用してきて、見落としがちな預け入れもあるということに気づいた。

そして、それをあなたに紹介しよう。

まず社内において、最も大切な預け入れは、実際にその人と時間を過ごすことである。

一緒に話し合ったり、顔を見たりしていない人を信頼することは難しい。

一緒に時間を過ごすことが大切だ！

そこで、簡単な習慣を提案しよう。

それは毎月一回、部下ひとりひとりと「個人コーチング面談」を行なうという習慣である。

この個人面談のことを、英語でPersonal Progress Interview（PPI）といって、相手の成長と進歩について話し合うことを目的としている。


つまり、上司として、相手の成長と成功を応援するための面談なのである。


仕事の状況はどうだろうか？

うまくいっているだろうか？

苦労している点はないだろうか？

どんな助けを必要としているのだろうか？

私にできることは何か？


そして、上司からみての評価も話し合う。

よくできている点からまず話そう。

こういうとき、まず改善点に走りがちだが、大きな間違いである。うまくやっているところを最初に指摘しないと、今度うまくできているところまでなくなってしまう可能性があるから、それをよくよく肯定しておく必要がある。

それから改善点を話す。

そして、具体的にどのようにそれを修正できるのかというやり方を教えよう。

毎月一回、部下の仕事の状況について話し合うための面談を行なうようにしよう！

マスターコーチの隠れ技

最も優れたスポーツ・コーチや音楽の先生などを詳しく調査したところで、大変興味深い事実が浮き彫りになった。

マスターコーチは実際に何をしているのだろうか？

七％の時間は、選手を褒めている。

「いいぞ」

「その調子」

「いいショット！」

ここで、うまくできていないことを決して褒めないことがポイントである。


七％の時間は、選手を批判している。

「それはダメだよ！」

「練習したことと違うじゃないか」

「弱いぞ！」


そして、残りの時間のすべてが、具体的にどうすればいいのかを細かく教えている。

「もっと右！　そうそう」

「もっと腰を入れて」

「肩の力を抜きなさい！」

これはまさに**メンタリング**の秘訣といえよう。

毎月、個別の面談でこれを行なうようにすれば、ひとりひとりとの信頼残高が大きく向上し、尊敬されるリーダーになるに違いない。

問題児の扱い方

もうひとつ大事な預け入れがある。

それは人を人間として扱うということである。

どのような状況であっても、どんなに難しい話をする必要があったとしても、相手を「物」ではなく、「人間」として扱うことができる。

そして、本人のみならず、それを見ている周りの従業員の信頼に計り知れない影響が与えられる。

コヴィー博士の言葉で言うならば、

「九九人の心の鍵を握るのは、ひとりの人に対する接し方である」。


九九人の心の鍵を握るのは、ひとりの人に対する接し方である。

ふたつの例で紹介しよう。

以前に教育関係の会社を経営していたときのことである。

ある営業マンを雇った。

問題はひとつ。

まったく売れないのである。


いろいろメンタリングをしたり、指導したりもしてみたが、改善はみられない。

どうすればいいのだろうか?


彼を面談に呼び出した。

そして、実際の数字を見せた。

「これはあなたの賃金等にかかっている費用。これはとってきている売上。これは利益率。その数字を見て、会社はどのようにすればいいと思いますか?」


相手も大人である。

バカでもない。

人間なのだ。

人間らしく接すれば、こちらの不利益を求めることはまずないのだろう。

彼は答えた。

「これでは話になりませんね。会社として、辞めてもらうことは当然でしょう。そこで、できればの話ですが、講師の仕事にチャレンジしてみたいです。チャンスをいただければ精一杯努力してみたいです。それをやってみて、高い評価をいただけなければ、私から辞表を出します」

良い案であった。

そして、次の一年間において、講師として、彼は億単位の売上を立てて、会社に大きく貢献した。

それから数年後、ある金融系の会社の経営に手を貸すことになった。

その会社に、ある営業マンがいて、とても熱心に働いてくれるし、とてつもなく大きな受注がとれそうなところまでいたっていた。

ちょうどその時、経営陣の耳に大変困った話が入った。

どうやら、前職で不祥事があって、横領もあったかもしれないという話である。

いったいどう対処すればいいのか？

金融業はお客様のお金を預かる仕事なので、不祥事の陰すらあってはならない。

しかし、これでも相手を人間として扱えるはずである。


彼を呼び出して、次のように聞いてみた。

「こういう話が耳に入っていますが、うちはどのようにすべきだと思いますか？　あなたの考えを伺いたいです」

相手の意見を聞くことは、どのような場合でもできることだろう。


彼は答えた。

「私は会社を辞めなければならないと思います」

すんなり辞職をしたのである。


しかし、そこで問題は残る。

それは、何カ月もかけて確保してくれたお客様とその売上に対するコミッションのことである。

当然、契約上、その売上が確定する前に会社を辞めているので、支払う義務はない。

しかし、それで公平といえるだろうか？

引き継ぎの手間もあるので、一〇〇％払うのも筋違いになるが、ゼロというのも酷《こく》だと思う。

そこで提案してみた。

「あなたは熱心に働いてくれました。そのおかげで、大事な顧客は確保できそうです。次の六〇日間以内に、その顧客からいただく売上に関して、通常のコミッションの半額を支払いたいと思いますが、どうでしょうか?」


「あまりにも親切な話で、言う言葉がありません」と彼。


売上が確保され、コミッションが支払われた。

しかし、話はそこで終わらない。


当社は小さな会社で、業界であまり知られていなかった。

そして、その時期、欧州の大手銀行から投資部門のトップをスカウトしようとしていた。

「世間は広いようで狭い」という諺があるが、その人はたまたま、この営業マンと知己であった。

そして、彼がその営業マンに電話を入れて、

「あなたはあの会社で働いていたそうですが、あの会社はどうかね?」と質問した。

「経営陣は素晴らしい人たちです。安心して転職して大丈夫ですよ。間違いない!」との返事だった。

その人が当社に入り、二〇〇〇億円の投資資産を集めて、会社を大きく成功させてくれたのである！

信頼残高が広がるものである。
不信関係も広がるものである。
インターネットやSNSの時代には、なおさらのことだ。

信頼も不信も広まる！

そして、その信頼残高は商品やサービスからくる部分もあれば、会社の姿勢からくる部分も大きい。
言うまでもないだろうが、お客様との信頼残高も大切である。

お客様を感動させるDuhとWow！

ここで、一言英会話レッスンをしておこう。
英語には、とても面白い語彙《ごい》がふたつある。
「**Duh!**」と「**Wow!**」である。
「Duh!」というのは、「**そんなの当たり前だよ！**」という意味である。

「Ｗｏｗ！」というのは、「**まじすごい！**」という意味である。

商品やサービスを作り出すとき、どちらの方を狙うのだろうか？

「Ｗｏｗ！」と答える人は多いに違いない。

しかし、「Ｄｕｈ！」ができていなければ、「Ｗｏｗ！」にはならない。

そして、「Ｄｕｈ！」が十分に揃っていれば、それだけで「Ｗｏｗ！」になる！

「Duh!」ができていなければ、「Wow!」にはならない。

簡単な例で説明しよう。

自動車を買うとしよう。

車はちゃんと走るのは、「Ｄｕｈ！」である。

故障しないのは、「Ｄｕｈ！」である。

今の時代に燃費がいいのは、「Ｄｕｈ！」である。

色が選べるのは、「Ｄｕｈ！」である。

言い始めると、キリがない。


しかし、こういう当たり前のことを当たり前としてできる企業は意外と少ない。

そして、お客様は当たり前と思っていることができなければ、大きな信頼残高の引出しになる。

反対に、この当たり前のことをいつも当たり前としてできていれば、これはやがて市場の中で大きな信頼になる。

日本企業がかつて世界を圧倒させたのは、この「Ｄｕｈ！」の力であった。


日本の製品は、とにかく品質がいい。

あまり故障しない。

メーカーの言っている通りのものが、言っている通りの期日に納品される。

「Ｄｕｈ！」と言えば、そこまでだが、大きな信頼になることに変わりはない。


当たり前なことを当たり前にするのは、大きな預け入れになる！

その上で、少しでも「Ｗｏｗ！」を挟めば、**熱狂的なファン**が生まれる。

先日、中古車を母のために購入した。

そこのディーラーは面白いサービスを提供している。

その車を所有する限り、毎月無料で手洗い洗車をしてくれると言う！

「Wow!」なのだ。

一瞬にして、そのディーラーのファンになった。


今、アメリカのホテルに宿泊しながら、この原稿を書いているが、先ほどコンシェルジュに相談を持ちかけて、そこのカウンターの上に、自分のボールペンを置いて、その場を去ってしまった。

その係は、それに気づいて、レストランで昼食をとっている私を探し出した。そして、ボールペンを返した。

それだけではない。

カウンターにいたとき、私は携帯電話で日本語を喋《しゃべ》っているのを横で聞いていたので、ネットで検索しておいて、ペンを返すとき、日本語で「これはあなたのペンですか？」と質問しながら手渡した。

「Ｗｏｗ！」である。

こういうちょっとしたセンスの良さは熱狂的なファンを作り出す。

お客様が「Ｗｏｗ！」と思うのは、ちょっとした心遣いの結果なのだ！

しかし、これはあくまで「Ｄｕｈ！」ができていればの話だ。

部屋が汚かったり、予約の情報が漏れていたり、ルームサービスを注文してもタイムリーに届かないとなれば、何もならない。

高い利益率は、固定客を持つ結果である。

しかし、固定客は、利益にならない「Ｗｏｗ！」の努力の結果であるのだ。

お客様のために大きく頑張るからこそ、ファンになるのである。

高い利益は、利益を度外視する結果である。

常連を作るべし

もうひとつここで言っておきたい。

お客様からの忠誠心がほしいと思うのであれば、お客様に対して忠誠心を持たなければならない。

忠誠心を示すからこそ、忠誠心が返ってくるというわけだ。

つまり、常連を大切にしておくことだ。

常連でありながら、大切にされないとなれば、これは取り返しのつかない大きな引き出しになるだろう。

常連であれば、特別に扱われたい。

たまには、利益にならない行動もされたい。

とにかく特別なお客様であれば、特別に扱ってほしい。

シンガポールに私が常連になっているレストランがある。

そこで食べた回数は、一〇〇回以上にも上る。

私のためにいつもとっておいてくれるテーブルがある。

メニューにない料理を作ってくれる。

クリスマス・イブという年間で一番忙しい夜に突然お邪魔したとき、予約もないのに、そして満席であるにも関わらず、特別にテーブルを用意してくれる。

これは、「Wow!」であり、常連になった甲斐があるのだと思う。


あなたの会社の常連になる意味はあるだろうか?

通い続ける甲斐はあるだろうか?

常連は特別に扱う仕組みができているだろうか?


これはビジネスリーダーのセンスの問題であり、心の問題なのだと思う。

常連を大事にせよ!

演習

部下との個人コーチング面談を、どのような頻度で、どのような形で行なっていくのか？

部下をもっと人間らしく扱うためには、何を変える必要があるだろうか？

あなたの売っているサービスや商品について、「Ｄｕｈ！」とはどういうことを言うのだろうか？

「Ｄｕｈ！」のはずなのに、できていないところは何なのか？

お客様のために、どういう「Ｗｏｗ！」を生み出したいのだろうか？

常連のために、どういう「特別」を作り出してあげるのか？

良い人を悪いシステムに入れていないだろうか？（役割3：システム作り）

すべての組織が、現在得ている結果を得るべく、完璧に設計されている

——作者不明

これをしないと、長続きしない

良い王様は、民を自由にし、彼らの最大の可能性を引き出すことに集中するだろう。つまり、コントロールではなく、エンパワーメントに集中するのだ。だとすれば、その王様に仕える魔法使い（マネジャーや官僚）は、それを具現化する**システム**を築き上げなければならない。

良い**模範**を示すことも大切である。

人に対して良い接し方をし、大きな**信頼**を築くことも必須である。

また、人を信頼し、その最大の能力を引き出し、彼らに力を付与する**エンパワーメント**も肝心であり、最終的な目的なのである。

しかし、これらをシステムとして落とし込み、国の骨格そのものにしない限り、けっきょくは実らない。

また、どんなに素晴らしいリーダー（王様）であっても、その人がいなくなれば、元の木阿弥《もくあみ》になってしまう。

ところが、一旦システムに落とし込んでしまえば、次のリーダーが登場しても、そう簡単にはぶれない。

システムにしなければ、長続きはしない。

システムの基礎を学ぼう

会社の経営も同じである。

従業員のエンパワーメントや顧客満足を会社のシステムに落とし込み、会社の行動における**一貫性**を図らなければならない。

そこで、ひとつ大きな問題が出てくる。

それは、学校でシステムについて、何ひとつ教えてくれていないということである。

だから、「システムを構築しなさい！」と言われても、ほとんどの人はうまくできないし、イメージすらわいてこない。

そこで、本章の中に、システム論の基礎を紹介しておく必要がある。

システムは実に簡単である。

そして、一旦理解しておけば、会社などに問題が生じたとき、その根本的な原因がすぐ見えてくるようになる。

多少、真面目な勉強にはなるが、あなたの会社の業績を劇的に変化させる秘訣であり、またその変化を定着させる鍵も握っているから、このあたりをしっかり読み込むようにしよう。

まず、言葉を定義しよう。

「**システム**」とは、ある結果を生み出すために、特定の形で作用し合う要因の組み合わせである。

会社はシステムであり、家族はシステムであり、国もシステムである。あなたの生活そのものも、ひとつのシステムになっている。

> **「システム」とは、ある結果を生み出すために、特定の形で作用し合う要因の組み合わせである。**

プロセス＋組織構造＋戦略＝会社のシステム

システムというのは、「**プロセス**」と「**組織構造**」と「**戦略**」から構成される。

「**プロセス**」とは、どのような行動をどのような順番で行なうのかを定義するものである。

たとえば、レシピというのは、ある料理を作る「プロセス」である。どういう材料を、どういう順番で、どういうふうに処理するのかを定義するものである。

営業もプロセスである。会社の営業のプロセスは、たとえば、①見込み顧客に電話を入れる。②商品案内を送付する。③顧客を訪問し、商品案内の説明を行なう。④顧客の質問に答える。⑤注文を依頼する。

つまり、顧客をどのように料理するのかを定義している。

「プロセス」とは、結果を出すレシピである。

「**組織構造**」とは、システムの各要素の関係を定義するものである。

たとえば、会社の組織では、ある従業員を経理部に配属し、別の従業員を営業部に配置する。そして、経理部に、営業部の確保した売上を集計させる。

「組織構造」とは、システムの各要素の関係を定義するものである。

「**戦略**」とは、ミッションと環境を結びつける計画である。

たとえば、環境に優しい自動車を製造するミッションを掲げ、また社会において、電気は最も環境に優しいエネルギーになっているような場合、電気自動車を製造する計画を描《えが》くだろう。

また、高度な技術能力を持っている人がある地域に集中しているような場合、そこに技術開発センターを設置する計画になるだろう。

今の結果が出るのは当たり前！
ここで大切な概念が出てくる。

システムが予測できる結果を生み出すということだ。

すべてのシステムは、今得ている結果を得るべく、完璧に設計されている。

あなたの会社は、現在の売上、利益、顧客満足のレベルを生むべく、完璧に設計されている。あなたの生活も、今得ている充実感を得るべく、完璧に設計されている！

システムが予測できる結果を生み出す。

売上の変動は仕方がない!?
どのシステムにも、一定の**バラツキ**あるいは**ムラ**がある。
その意味というのは、ある一定の範囲内に、結果が変動するということである。

売上がやや高くなる月もあれば、売上が若干伸び悩む月もある。

その売上の実績を表に落とし込めば、それはある一定の範囲内（良い結果と悪い結果の間）におさまっているということはよくわかるだろう。

統計学では、予測できる結果を生み出すシステムは、「**均衡が取れている**」というふうに表現される。

つまり、システムを実質的に変えない限り、均衡は崩れず、今得ている結果を得続けるしかないということだ。

システムの生み出す結果は、一定の範囲内で変動をする。そして、システムが変わらなければ、結果が変わらない。

昔からよく言われることだが、

「精神異常とは、同じことをやり続けて、違う結果を期待することである！」。

もう一度おさらいをすると、すべてのシステムにおいて、結果はある高値と低値の間で変動をする。そして、その範囲は、「バラツキ」あるいは「ムラ」という。

ビー玉の実験

簡単な実験をしよう。

これを想像してもらえば、すぐにシステム的改善の本質を理解できるだろう。


テーブルの上に三つのバケツが置いてあるとしよう。

あるバケツに赤いビー玉が入っている。

次のバケツに青いビー玉が入っている。

三番目のバケツは空である。


そこで、ふたりの従業員が作業に当たる。

ひとりは、赤いビー玉の入っているバケツを持ち上げて、空のバケツに注ぎ込み始める。

ふたり目は、同時に青いビー玉の入っているバケツを持ち上げて、空のバケツに注ぎ込む。

それから、マネジャーのあなたが小さなスコップで、三番目のバケツからビー玉をすくい上げてみる。

そして、そのスコップに入っている赤いビー玉と青いビー玉の数を調べて、記録する。


このシステムはすぐさま均衡状態に入る。救い上げる度に、赤いビー玉と青いビー玉がスコップに入る。そして、その割合は、たくさんの赤いビー玉からたくさんの青いビー玉の範囲内におさまるだろう。

これはあなたの会社、あなたの部、あなたの課だと仮定しよう。

赤いビー玉は満足してくれる顧客であり、青いビー玉はクレームを持っている顧客を表している。


この結果を嘆くことは無意味である。

システムそのものが、この結果を得るべくできているからである。

つまり、このシステムは、満足した顧客と不満の顧客の両方を生み出すシステムなのだ！


従業員を叱り飛ばすことは意味があるのだろうか？

ビー玉をすくうマネジャーの動機づけを高める研修プログラムは足《た》しになるだろうか？

素晴らしい謳《うた》い文句を打ち出し、ポスターを作成し、それを壁に貼り付けることはどうだろうか？

ボーナスやインセンティブの設定で改善は得られるだろうか？


これらは、何の足しにもならない！

システムは均衡状態にある。

今の結果を得るべくできあがっている。


問題を解決する唯一の方法は、システムそのものを変えることなのだ！

結果を嘆くのも、従業員を叱るのも、謳い文句をかかげるのも、良い結果に対してボーナスを払うのも無意味である。

一般要因と特定の要因

ここでもう少し深く掘り下げてみることにしよう。

ほとんどの結果は**一般的要因**（**General Causes**）に起因している。
つまり、システムの構成そのものが、今のバラツキを生み出しているということである。

一例を考えてみよう。

あなたは、アトランダムに一万人にチラシを送ったとしよう。
そこで、様々な結果（つまりバラツキ）が生まれる。

ある人たちは、商品をたくさん買ってくれるし、別の人たちは何も買ってくれない。
このバラツキは、システムそのものに入っている。
システムは、この結果を生み出すようになっているのだ。

この結果をグラフに記したところで、平均して一二％の人が商品を買ってくれていることがわかる。

そして、月によって、その値は八％から一四％の間に変動をしている。

今月のチラシで八％、来月で一〇％。その次は九％。その次は一四％。

もう一度言うが、結果を嘆いても意味がないし、八％しかレスポンスがないときは、従業員を叱っても、改善されない。

これは現在のシステムによる結果であり、いくら泣いても変わりはしない。

「**特定**」の行動や、「特定」の従業員とは関係のないことだ。

誰がその作業に当たっても、その人はどんなに才能を持っていても、八％の月もあれば、一四％の月も出る。

そういうシステムになっているまでである。

しかしある日、あなたが出社して、今月のチラシをもらった人の三〇％が商品を買ってくれているという結果を発見する！

これは、このシステムのバラツキの範囲外である。

つまり、**特定の原因**が発生しているということになる。

何か特定の要因が均衡を崩している。

こうなってしまえば、結果はもう予測できない。


少し調べてみると、今月のチラシをもらった見込み客に営業部はフォローの電話をかけているということがわかった。

これは「特定」の要因であり、元のシステムの設計に入っていない。


別の、チラシを送ったら、見込み客の四%しか注文してくれていない。

これも予測できる範囲外の結果なので、特定の原因があるということ。


少し調べてみると、ある従業員がチラシを廃棄して、郵送料金を横領しているという事実を発見する。

彼を解雇し、警察に通報する。

あなたがシステム論を研究しているということを知らなかったようだ！


おさらいをすると、ほとんどのバラツキは一般原因によって発生しており、システムそのものが生み出している。

しかし、予測できない大きな変動は、特定の原因に起因している。

> **ほとんどの結果は、一般要因によって発生する。**
> **つまり、システムそのものの設計から生まれる結果である。**
> **予測できない大きな変動は、特定要因、**
> **つまりシステムの設計に入っていない行動や出来事によって発生する。**

業績を変える唯一の方法

今の結果を変えることは簡単である。
システムそのものを変えればいい。
それ以外に方法はない。

それをする手法は三つある。

ひとつ目は、**システムを構成する要因そのもの**を変えるということである。

たとえば、あなたは独身で、結婚すれば、あなたの生活に新しい要因が加わり、家族というシステムの実質的な変化になる。
結果は必ず変わるのだ！

クッキーを焼いているとしよう。
チョコチップの変わりにレーズンを入れる。
結果が変わってくるのである！

そして、その結果は継続し、誰が焼いても、新しい味が得られるのだ。

システムを変える最初の手法は、構成要因を変えることである。

ふたつ目の手法は、**プロセス**を変えることである。
つまり、物事を行なう順番を変えることであり、また個別の行動のやり方を変えることである。

たとえば、私の友達で世界的なマーケターであるセス・ゴーディンが、インターネット・マーケティングに革命をもたらした。
それはどのようにしたかといえば、お客様に商品や商材の情報を案内する前に、その情報を送ってもいいかということを聞くようにした。

これはプロセスの変更である。

ステップを足してもよく、削除してもよく、また順番を変えてもよく、そのステップの中身を変更してもいい。

いずれでも実質的な変更であり、そのシステムの生み出す結果を変えることに十分な威力を持つ。

チョコチップ・クッキーの話に少し戻ってみることにしよう。

卵を加えて、材料を混ぜてから焼くのではなく、焼いてから卵を加えるようにすれば、どうなるだろうか⁉

一瞬にして、まったく違う結果になる！

行動の順番をひとつ変えるだけでも、このぐらいの変化なのだ。

システムを変える二番目の手法は、プロセスを変えることである。
ステップを足したり、削除したり、順番を変えたり、
中身を改善したりするということだ。

結果を変える三つ目の手法は、**組織構造**を変えることである。

私が以前に働いていた小さな会社の話である。

売上の数字はなかなか改善されない。

マネジャーたちが会議を開き、問題を見つめたとき、原因はすぐ発覚した。

営業部門がなかったのである。

顧客自ら電話をかけてきて注文をするか、ほかの部署の従業員が時間をさいて営業活動を少しするかというだけだった。


すぐ営業部を作り、システムを変えた。

システムを変える三番目の手法は、組織構造を変えることである。

船の設計を変えよう

このアプローチの素晴らしいところは、システム的な変化はすべて、継続的な変化であるということだ。

悪いシステムの中にいながらも、より熱心に働くことは、フラストレーションを増大させるばかりである。

船長が、「右へ曲がれ！　右へ曲がれ！」と叫んでいても、船はそもそも左にしか曲がらない設計になっていれば、どうだろうか？

しかし、船を反対の設計にしてしまえば、船は必ず右に曲がってくれる。どんなクルーが乗っていても、関係がない。もっと熱心に努力する必要もない。謳い文句があってもなくても関係ないし、動機づけを高めるためのイベントも必要ない。

システムが変わっている。それだけ簡単なことなのだ。

商品よりも会社のシステムが大事！

会社は偉大なシステムである。

多くの人は、商品やサービスのことをビジネスだと思っている。

しかし、それは違う。

システムがビジネスなのだ。

システムがビジネスなのだ！

・素晴らしい商品を作るよりも、素晴らしい商品を定期的に生み出してくれる商品開発システムを作り上げることが肝心である。
・従業員は結果を出してくれないことを嘆いて、彼らを叱るよりも、すぐれた雇用システムや人材開発システムを作り上げることが必要だ。
・売上を増大させるための謳い文句やキャンペーンを作り出すよりも、すぐれたマーケティング・システムを築き上げることが鍵を握る。

部下は悪くない

良い人を悪いシステムに入れてしまえば、悪い結果を生み出す。

あるとき、アイスクリームの売店に入った。
美味しそうな味がいっぱいあったので、決めかねて、ダブルを注文することにした。

「チョコレートとレインボーシャーベットをダブルでお願いします」と頼んだ。

「申し訳ありませんが、当店ではダブルを扱っておりませんので、それができません」

「倍の料金を払うから、ダブルで作ってください。」

「当店ではダブルを扱っておりませんので、それができません」


そのまま買わずに店を出た。


この店は、この顧客に対して、売上を倍にできたはずである。

従業員は善意があって、熱心に働いている模様だった。

商品は良くて、お客様の切望するものだった。

しかし、売上を倍増させるどころか、ゼロになった！

良い商品。良い人。悪いシステム。結果は悲惨である。

良い人を悪いシステムに入れると、結果が悪いのだ！


良い人を悪いシステムに入れると、結果が悪い！

目的地はエンパワーメント王国

ここで、もうひとつ学べる教訓がある。

それは、エンパワーメントや信頼を支えるシステムがないと、エンパワーメントや信頼が生まれないということだ。

リーダーの模範、メンタリングや信頼残高の預け入れ、システムの一貫性のすべてが、エンパワーメントを生み出し、従業員は激変する市場の中で顧客のニーズに応えられるようにサポートするためにある。

リーダーの活動はすべて、エンパワーメントを生み出すためにある。

問題の所在地を知ろう！

さてと、自分の会社において、問題があったとき、その原因を具体的にどこに探せばいいのだろうか？

どのような問題が出ても、その原因はおおよそわかるし、それはシステムの中にある。

最初に見ておきたいのは、**システムの構成要因**である。

仕入れ先から買ってきた**資材**や**部品**に問題はないか？

材料に問題はないか？

使っている**機材**に不備な点はないか？

その仕事が行なわれている**環境**に問題はないか？

正しい人をその仕事に当てているだろうか？（正しい人たちを採用しているだろうか？　彼らは正しく**教育**され、**エンパワー**されているだろうか？）

次に、見ておきたいのは、**プロセス**である。

使っている**手法**に問題はないか？

作業の順序に問題はないか？

定期的に開催すべき**ミーティング**はあるだろうか？

作るべき**報告書**はあるだろうか？

採用システム、人材開発システム、報酬システム、マーケティング・システム、営業システム、資材調達システム、生産システム、納品システム、アフターケア・システム、経理システム、情報システム、意思決定システムに問題はないだろうか?

「誰がやったのか?」を聞くな!

ここで大切なことは、「**誰がやったのか?**」を聞かないことである。

「誰がやったのか?」という質問をし始めれば、システムの問題ではなく、人の問題だと思い込むだけでなく、従業員は、罰や叱りを恐れるあまり、問題を報告しなくなる。

つまり、問題は潜伏してしまい、治せなくなる。

「誰がやったのか?」という質問をしてはならない!

「何故?」を五回問いかけよう!

「誰がやったのか?」ではなく、「**なぜこのようなことが起こり得るのか?**」を尋ねるようにしよう!

そして、この質問を五回繰り返せば、問題の本質をすぐに突き止めることができる。

あるとき、ホテルにチェックインしようとしていた。

しかし、フロントが混み合っていて、時間がかかり、私は少し迷惑を被った。

その旨をフロントの人間にも伝えた。

そして、その人は素直に謝った。


しかし、ここで気づいていただきたい。

問題はまだ解決していないということだ。

明日、同じ迷惑を違う顧客にかけることになる。


経営の神様のピーター・ドラッカーが次のように言っている。

「優秀なマネジャーは、問題を餓死させる。機会に餌を与えるのだ」


つまり、クレーム処理や問題解決ではなく、明日の機会を活かすことに時間を注ぎ込むのであり、システムの改善やより優れた商品の開発に集中している。

そうすれば、繰り返し同じ問題に対応しなくても済むようになる。


そこの従業員は、私の不満をマネジャーに報告した。

素晴らしい！

叱責や罰を心配していない。

そこのホテルは、システムを研究していて、「誰？」ではなく、「なぜ？」を聞くようにしていたからである。


フロントの従業員を集合させて、会議を開いた。

「なぜチェックインにそれだけの時間がかかり得るのだろうか？」

そして、当たり前な答えが返ってきた。

「それはチェックインがあるからだ！」


確かにその通り。こういう単純な答えに深い真理と大きな問題解決の鍵が隠されている。


そこで終わらない。

「なぜ？」は五回問うようにしている。

「じゃ、なぜチェックインがあるのですか？」

「それは、お客様のクレジットカード情報や身元の確認をしなければならないからです」

「なるほど、でなぜその情報を取る必要がありますか？」

ホテル業界では、この作業は当たり前すぎて、誰も疑問視しない。

だからこそ、このプロセスに計り知れない価値がある。

「それはお客様を信頼していないからです」

なるほど。泊まっておいて踏み倒されたら、それは商売にならない。

しかし、ちょっと待って……

「ほお、でなぜ私たちはお客様を信頼していないのですか？」

「それは、知らない相手ですし、初めてお目にかかりますしね」

「じゃ、それはそうとして、常連はどうでしょうか？」

彼らは常連を信頼することにした。

一週間後に同じホテルにまた泊まりに行った。そして、フロントの係はカウンターの後ろから走ってきて、鍵を渡して言った。

「スキナー様お帰りなさい。部屋の鍵でございます。ごゆっくりお過ごしください」

チェックインの時間はゼロになっていたのである！

「なぜ？」を五回問うようにしよう！

会社は生態系なのだ

最後に見るところは、**組織構造**である。

必要な組織ができあがっているだろうか？

システムの各要素は相互にサポートし合って、良い**相乗効果**を生み出しているだろうか？

組織の**バランス**は取れているだろうか？（例：サポート・スタッフの数が、生産者を支えるために必要な人数を超えていないか？）

リーダーシップや**意思決定の所在地**は適切な場所にあるだろうか？

会社は生態系であり、各要素が相互に支え合うようになっていなければならない。

会社の組織図もそうだし、**物的構造**もそうである。

ほとんどの人は車を運転するとき、道の上を運転している。

そこに道路という構造があるからだ。

単純なことであるが、意味は深い。


問題が発生したとき、システムの構成要素、プロセス、組織構造を検証してみよう。

必ず実質的な改善ができるに違いない。


問題が発生したとき、システムの構成要素、プロセス、構造を検証してみよう。

理解せずにいじるな！

システムを構築していくなかで、**深い知識**と理解力が必要である。

多くのマネジャーは、深い知識を持つことなく、システムをいじって、大きな問題を起こす。

システムのどのような要素を変更しても、それによって、結果が大きく変わる。

考えてみよう。
ひとつの仕入れ先を変更することで、顧客満足は大きく変わることがあるだろうか？
採用のプロセスを変えることで、会社が丸ごと変わってしまうということがあるだろうか？
組織を変えて、新しい部署を作るときはどうだろうか？

答えは、当然Ｙｅｓなのだ！

ここで大切なのは、システムの各要素はお互いにどのように影響し合っているのかを理解した上で、システムの改善を図ることだ。

品質管理の世界で、このような理解を Profound Knowledge（深い知識）と呼ぶ。

たとえば、コストが高すぎるという理由で、仕入れ先を変えることを検討しているとしよう。
これをする前に、その変更は、製造プロセスや商品の品質にどのように影響するのかを理解する必要がある。マーケティングに対する影響はないか？　パッケージや輸送に影響はないか？　規制の問題はないか？商品の安全性はどうだろうか？

このような広範にわたる影響を理解せずにシステムを変更させることを、品質管理やＩＥ生産管理の世界で、Tampering（無知にシステムをいじること）といって、弱いマネジャーの特徴といえる。

深い知識の鍵はひとつの質問をすることにある：

「ほかの何があるいは誰がこの変更によって影響を受けるだろうか？」

ほかの何があるいは誰がこの変更によって影響を受けるだろうか？

意図しない結果の法則

私たちの普段参加する一番大きなシステムは国というものなのだろう。

そこで国会は、様々な問題を解決しようとして、法律を作るのだが、その法律によってほかの誰が、あるいは何が影響を受けるのか、これを十分に検討しないがために問題が頻繁に発生する。

みんなを豊かにするために、最低賃金保証の金額を引き上げるとしよう。するとどうなるだろうか？

会社はその仕事を海外に移転させたり、または自動化を進めて、ロボットの導入によってその仕事をなくす。

すると、失業率が高まる。

こういうことがよく起こる。

これはThe Law of Unintended Consequences（意図しない結果の法則）といって、システム論の中心的な概念である。

つまり、システムを深く理解せずに、一要素をいじったところで、思いもよらないことがよく起こるということである。

システムを深く理解せずに変更すると、意図しない結果が起こる。

私は昔から思っていることだが、法令を作るとき、その法令によってほかにどういう影響が出るのかを考えるための専門の政府省庁が必要なのではないか。

会社においても、その通りだろう。

するとどうなる？

大学生のときに経済学を専攻していたが、これはけっきょくひとつの質問を繰り返す勉強にすぎない。その質問とは、「**するとどうなる?**」というものだった。

金利を引き下げるとする。するとどうなる?
企業はお金を借りやすくなる。
するとどうなる?
取りかかるプロジェクトが増える。
するとどうなる?
材料をたくさん購入し、多くの人を雇う。
するとどうなる?
失業率が減り、賃金コストが高騰し、材料の値段も需要が高いから、当然上がる。
するとどうなる?
インフレになり、物価が上がる。

このような考え方は、**システム思考**といって、ひとつの行動が周りにどのような影響を与えるのかを常に考えるという習慣になる。

そして、企業のマネジャーに必要不可欠な能力なのである。

システムを理解するために、「するとどうなる?」という簡単な質問をしよう!

壊れていなければ、壊してみよう!

システム思考を身につけていても、検討している変更は、会社にどのような影響を与えるのかを十分に把握することは困難な場合もある。

そこで、深い知識を追求して、圧倒されてしまうことがある。つまり、大企業病にかかってしまう。分析をするあまり、麻痺状態に入る。そして、何を変えようとしても、何ヵ月、何年もかかることになる。

こういうときは、「**とりあえずやってみよう**」という態度も必要だ。

その変更を、試験的に導入してみるということである。

壊れていなければ、一旦壊して、その結果を見よう!

「ほかの誰が、または何が影響されるのか?」

を問い質し、取れるデータで、できる限りの見当をつける。そして、やってみることだ!

トヨタ自動車は、ここで大変参考になる企業なのだと思う。この会社ほど、深い知識やシステム的な改善に決意している企業は、世界的にみても、例をみない。

そして、彼らの座右の銘は、

「百の理屈より、ひとつの失敗！」

という言葉になっている。


前進しよう。やってみよう。間違いを堂々と犯そう。全体のシステムに出る影響を確認しよう。うまくいかなければ、前のやり方に戻ればいい。


コカ・コーラという会社が、味を変えて、大きな失敗をしてしまったことは有名である。

そこで、その経営陣を批判する人は多いが、私は違うのだと思う。

素晴らしいと言いたい！

実験した。そして、うまくいかなかったとき、前の状態に戻した。

それでいいのだ。

ウォーレン・バフェットが何十年間にわたり、コカ・コーラの株を持ち続けているには、訳がある。

低コストの実験を多くせよ！

早く成長する企業は、深い知識を生み出す実験を常に行なっている。テストをすれば、するほど、より多くの情報が持てるようになり、システムの各要素がお互いにどのように作用し合っているのかを理解できるようになる。

私は、「**成功の9ステップ**」という自己啓発のセミナーを作り、一二年以上にわたり顧客から熱狂的な反響を呼び続けているが、その理由は簡単である。

実験をたくさん行なったということだ。

いろんな演習やコンテンツを取り入れて、とりあえずセミナーで教えてみた。

そして、終わったところでお客様にアンケートを実施した。

「セミナーで一番インパクトがあったことは何だったでしょうか？」

誰もインパクトを感じなかった項目を削除して、新しいコンテンツや演習を導入して、また試した。

そして、気がついてみると、四日間はすべて、インパクトと感動の連続になっている。

予測より、やってみることだ。

ひとつの失敗は、千の理屈ほどの価値がある！

前進しよう！

百の理屈より、ひとつの失敗！

各パーツの最適化を図れば、けっきょくダメになる

もうひとつここで理解しておきたいことがある。

システムの各要素をすべて最適化したところで、全体が丸ごとダメになってしまうということだ。

一番「いい」エンジンと、一番「いい」タイヤと、一番「いい」トランスミッションと、一番「いい」ブレーキと、一番「いい」車体を組み合わせるだけでは、一番いい車にはならない。

実際のところ、その車を作ったところで、走るだけでも、奇跡に等しい。

トランスミッションは、エンジンの要求に応えるように設計していないといけない。車体は、エンジンを取り付けるに十分なスペースが必要だし、ブレーキは、そのエンジンの駆動力を吸収するに十分な能力を備えていなければならない。座席は、その車の運転スタイルにマッチしていなければならない。すべてのものは、残りのすべてに影響を与えてしまうし、すべてのものは残りのすべてのものによって

影響される。

それがシステムというものだ！

あなたの会社も例外ではない。

システムの全体の最適化を考えよう！

戦略についての一言

システムのレベルにおいて、実はもうひとつの要素がある。それは「**戦略**」というものである。

これだけでも、一冊の本は書けるし、業界や時代によって変動する部分は大きい。

しかし、原則中心リーダーシップの観点から、一言だけはここで申し上げたい。

それは、プロセスや組織と同様に、一貫性という原則を重んじる必要があるということである。

戦略は顧客のニーズと会社のミッションを結びつけるものである。

当然、会社の戦略というのは、十分な環境分析を行ない、顧客のニーズを把握した上で打ち出すものである。

しかし、それだけでは不十分だ。

同時に、会社のミッションを反映させるものでなければならない。

先輩の経営コンサルタントから教えてもらった最も貴重な教訓は、「とってきてはいけない受注がある」ということだった。

戦略というものは、現在の環境の中にあって、私たちのミッション・使命を達成させるためには、どうすればいいのかというプランにすぎない。

だから、ミッションありきなのである！

利益になるという理由だけで、ミッションから逸脱した商売に走っても意味はない。

そして、意味がなければ、人々の心に宿る内なる炎が消えてしまう。

戦略は、顧客のニーズに応え、ミッションを実現させるためにある。

プロセスと組織構造は、その戦略の実行を支えるものであり、それに従事する従業員をサポートし、その仕事を成し遂げる力を彼らに付与するためにある。

そのすべてが一線に並ぶからこそ、**一貫性**というのだ！

演習

今、会社で直面している最も大きな問題は何だろうか？

その問題について、「なぜ？」を五回問うようにしよう！

その問題のシステム的解決策は何だろうか？

その解決策を導入するとき、ほかの何が、あるいは誰がそれによって影響されるだろうか？

今の顧客のニーズは何だろうか？

この環境の中にあって、ミッションを達成するための最良の方法・戦略は何だろうか？

従業員を解放せよ！（役割４：エンパワーメント）

昨今マネジメントと呼んでいることのほとんどが、従業員の仕事を邪魔しているだけである。
――ピーター・ドラッカー（近代的経営の父）

結果管理革命

ここまでのすべてが、エンパワーメントを目指している。

会社だろうと、政府だろうと、スポーツチームだろうと、軍隊組織だろうと、あなたの家族だろうと、組織はすべて人によって運営され、人のニーズに応えるために存在している。

そして、リーダーの最大の役割は、その人たちを自由にし、彼らの可能性を肯定し、意味と意義を与え、人の最大の力を引き出すことであるのだ！

これはリーダーシップの王道であり、最終的な目的なのである。

人の能力を引き出す秘訣は何だろうか？

それは、手段を決めないことである！

手段を決めてしまえば、相手は考える必要はもうない。
言われた通りにやるまでである。
みんなが**指示待ち族**になってしまう。
たくさん従業員がいるはずなのに、トップひとりの脳しか動いていない。

これではグローバルの競争には勝てない。
やる気も出ない。
活気がない。
何もならないのである。

そして、その理由のすべてが、結果ではなく、手段を要求してしまったあなたのリーダーシップ・スタイルなのだ。

手段ではなく、結果を管理しよう！

ゴルバチョフ前書記長を呼び出せ！

私は以前に新卒の女性を秘書に雇ったことがある。

新卒のいいところは、ほかの企業の組織文化に毒されていない点にある。

彼女が入社して、数ヵ月経ったところ、私はお客様の社長たちを連れてロシアを訪問することになった。

そこで、彼女に指示を出した。

「今度せっかくロシアに行くものだから、ゴルバチョフ氏に会いたい。そのセッティングをやってくれ」

もちろん、私はゴルバチョフ氏と接点もなく、彼は私の存在を知るはずもない。

どうしたら会えるのか、見当もつかないのである。

しかし、これは望んでいる結果なので、その結果を彼女に依頼した。

手段は何も言っていない。

「誰それに電話してみてね」とか「ロシア大使館に連絡してみて」とか、そんなことは一言も言わない。

この大学を出たばかりの女子社員は、どうしたら一国の大統領に会えるのかを自分で考え、工夫しなければならない。

そして、できないということを知らないので、なんと実現してしまったのである！

できないことだと知らないからやってしまう！

五月病の病原菌

多くの企業が大きく損していると思うのは、「新入社員は何もできない」とか、「一〇年選手にならないと、このぐらいの仕事はできないよね」とか、「このぐらい作業を簡単にすれば、女子社員でもできるよね」と言ったりすることだ。


そんなことは絶対にない。

人間には計り知れない力がある。

その力を信じてみることだ。


どの新入社員でも、やる気満々なのである。

やっと学校を出て、社会人になり、これから素敵な人生を送りたい。人の役に立ちたい。自分の能力を発揮したい。そう思っている。

やる気があり、イキイキしているからこそ、採用したはずではないか。

目を光らせて、四月に入社をする。

五月、会社を訪問すると、目が死んでいる。

「誰が殺したのか？」と聞きたい！

その能力を信じないで、「言われた通りにせよ」「考えるな」「俺がすべてを決めるから」と言うマネジャーが殺しているのである。


人間には、計り知れない力がある。その力を信じよう！

委任しないのは、あなたの自己満足

リーダーが人に任せない本当の理由は、ただの**自己重要感**にある。

「自分は一番わかっている」「誰よりも自分はできる」「自分じゃないとダメだ」と思いたいだけだ。

しかし、そんなことは絶対にない。


人間はすごい。

普通の人間のできることはすごいのだ。


テレビやパソコンを見てください。

普通の人たちが設計し、製造し、販売している。

高層ビルを見てください。

普通の人たちが設計し、建築している。


社会のすべてが普通の人たちによって作られている。


あなた以上にうまくその仕事ができる人はいくらでもいる。

あなたがいる前から、社会は成り立ち、素晴らしい利益を出す企業がいっぱいあった。

あなたがいなくなってはるか後になっても、社会は成り立ち、素晴らしい利益を出す会社がいっぱいあるだろう。


あなたがいなくてもいいのだ！

ほかの人に任せることができるはずである。


世界は普通の人たちによって作られている！

相手に考えさせたら名案ばかり

人の才能を解き放つことに集中しよう。

自分以上の能力があることを信じよう。

自己重要感に溺れるのを止めよう。


以前に私はマクドナルドという会社を指導していた時期があった。

そして、その会社の歴史を研究する中で、とても興味深い事実に出会った。

最初のハンバーガー、シェイク、フライドポテト以降のヒット商品は、全部フランチャイズのオーナーたちが作ったものだった（そもそもフライドポテトは、社長秘書のご主人が開発したものである）。

本社で開発された商品はだいたい失敗している。

現場に近い店のオーナーたちが率先して、やったことがうまくいっている。

そして、会社の大きな成功は、彼らにマニュアルだけを守らせたのではなく、実験し、失敗する余裕を与えたからできたものだ。

ドナルド・マクドナルドも店舗のオーナーが地元の広告のために作ったものである。

朝食メニューは店舗のオーナーが作ったものである。

チキンマックナゲットもそうである。

次から次へとヒットが生まれて、そしてみんなが無償で残りのオーナー全員と共有した！
何と素晴らしい会社なのだろう。

失敗する余裕を与えよう！

部下が素晴らしい！

弱い王様が、「俺を見てくれ！　俺を見てくれ！」と叫び、自己重要感に溺れてしまう。
しかし、強い王様は、「あなたは素晴らしい！　いつもありがとう！！！」と言う。

あなたは素晴らしい！
ありがとう！！！

経営の神様と呼ばれた、松下幸之助がいつも言っていたことである。

自分には学問がない。小学校も卒業していない。従って、自分のところで働くどの従業員でも、自分以上の学問があり、その人の意見はいろんな意味で自分の意見に勝る部分がある。だから彼らの意見も聞きたいし、彼らに仕事を任せる以外に会社を経営していく方法はない。

だからこそ、一代にして、素晴らしい企業何百社を築き上げることができた。

自分のことばかりすごいと思っている経営者で、真っ当に一社も築き上げられない人は後を絶たないのではないか。

自分は凄くない。従業員が凄いのだ！

エンパワーメントはミッションの共有化

手段を決めずに、部下に仕事を任せることができるのは、ミッションを共有しているからである。みんな同じ目的を持っていれば、相手も自分同様にそのために頑張るはずだ。

複雑系理論に、「**ストレンジ・アトラクター**」というものがある。

それは、カオス（大混乱）の中に秩序を発生させる不思議なものである。

組織において、その役割を果たすのは、**意味**である。

みんなに手段などを任せたら、カオスになると恐れるリーダーは少なくない。しかし、目的と意味を共有していれば、そうはならない。美しい結晶のように、みんなが同じ方向に向かい、協力し合い、自分の発想とアイディアを最大限に打ち出し、カオスの中から新しい、より優れた秩序が生まれるに違いない。

資本主義そのものがそうである。

共産主義などのモデルでは、カオスを恐れ、すべてを中央から統制しようとした。しかし、そうすると、現実離れした意思決定ばかり生じるし、みんなの生活を危機にさらしてしまうほど、能率が下がってしまう。

それに対して、資本主義では、利益の追求と顧客満足の達成という目的を共有化させることで、市場の中に見事としか言いようがない不思議な秩序が自然発生している。

企業と企業が協力し合い、人が想像力を発揮し、熱心に働き、誰も命令していないにも関わらず商品の不足も発生しないし、顧客の想像をはるかに凌《しの》ぐイノベーションが次から次へと誕生するばかり。

この意味からすれば、ミッションの確立と共有は、エンパワーメントの本質であり、リーダーのあなたが背負う最も大切な役割なのだろう。

上司に問題を持っていくな！

上が手段を指定していても、エンパワーメントを進めていなくても、インサイド・アウトで自らその状況を変えることができる。まず、自分自身のエンパワーメントを進めるということだ！　そして、**自己エンパワーメント**の秘訣は、率先力を発揮することである。

率先力には六つの段階がある。

1 言われるまで待つ。
2 どうすればいいのかを聞く。
3 提案する。
4 実行してすぐ報告する。
5 実行して時々報告する。
6 実行する。

あなたが、今指示待ち族になっていれば、まずその状況を変えよう。

今日すぐに、実行して報告も必要とされないというレベルまで持っていけないかもしれないが、提案するというレベルは誰にでもできる。

私はいつも従業員を教育するときに、次のように教えている。

「問題を上司に持っていくな！」

どの会社にでも、問題はいっぱいある。

問題を指摘するだけなら、上司の助けにはならない。

「上司の所に問題解決を持って行こう！」

ということなのだ。

「部長、こういう問題を発見しました。分析してみたところで、AとBというふたつの解決策があるように思います。Aを実行してみようと思うのですが、いかが致しましょうか？」

何という有能な部下なのだろう。

上司の所に、問題ではなく、問題解決を持って行くことにしよう！

このようにやり続ければ、あなたは信頼されるようになり、やがて、「自分の裁量でやって時々報告してください」や「これを全面的にお任せしますよ」と言われるようになるだろう。

率先力の6段階

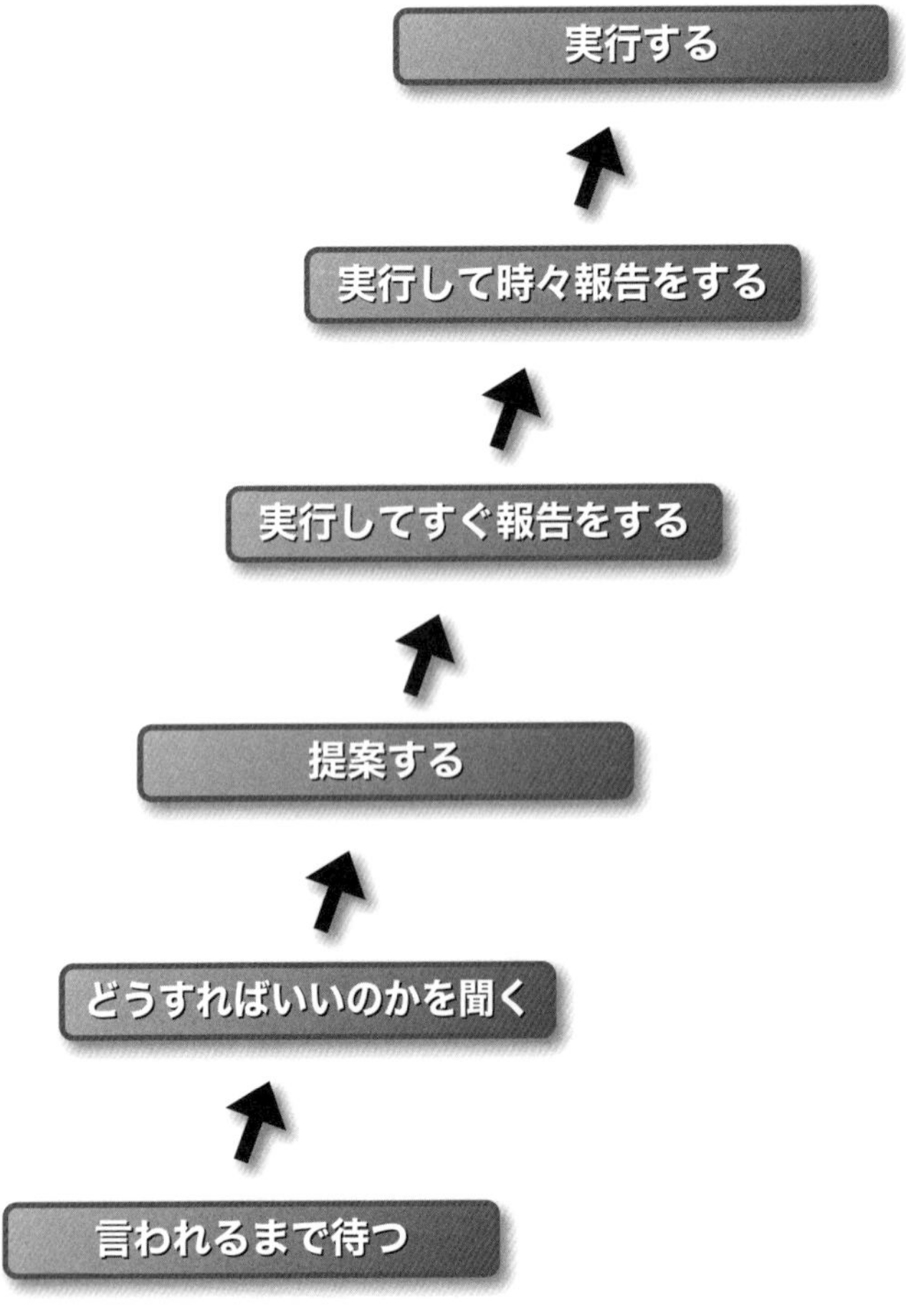
実行する
実行して時々報告をする
実行してすぐ報告をする
提案する
どうすればいいのかを聞く
言われるまで待つ

演習

部下に手段を指定してしまっている場面は何だろうか？

どうしたら、そのことについてもっと彼らの裁量に任せることができるだろうか？

手段をどうしても指示しなければならない場面は何か？

その必要性をどのように部下に理解してもらえるだろうか？

要約：原則中心リーダーシップのパラダイム＝四つの役割

自らを司ることができなければ、他人を司ることはできない。

――ラテン語の諺

ここまで、原則中心リーダーシップのパラダイムをおさらいしておこう。

組織には**四つのレベル**がある：個人、人間関係、システム、リーダーシップ。

組織は個々人によってできている。

その**個々人**がひとつのミッション・目的のために集まると、人間関係が芽生える。

その**人間関係**が組織構造として固定され、ミッションを達成するための戦略が打ち出され、また作業手順や会社の方針といったプロセスが作られる。これらを合わせて、会社の**システム**と呼んでいる。

また、ミッションを確立し、日頃の作業に意味と意義を持たせ、従業員の力を最大限に引き出すために、**リーダーシップ**が必要になる。

この四つのレベルの成功を阻む**抑止力**あるいは、**失敗要因**がある。

それは、**自己背信、不信関係、相反する目標、コントロール・スタイル**である。

自己背信が不信を生み、不信関係がコミュニケーションをダメにし、相反する目標やセクショナリズム、競争が組織のレベルに蔓延してしまい、そういう状況の中で、リーダーはコントロールする必要性を感じ、エンパワーメントどころか、マイクロ・マネジメントに陥ってしまう。そして、けっきょくのところ、組織のエネルギーが浪費されて、もともとのミッションは達成できない。毎日が生存だけの格闘になる。

これを乗り越える唯一の方法は、**原則**に立ち戻り、**リーダーシップ**を発揮することだ。そして、リーダーシップもこの四つのレベルにおいて作用し、組織を統一させ、エネルギーをひとつの方向に合わせる結果になる。

会社を失敗させる抑止力

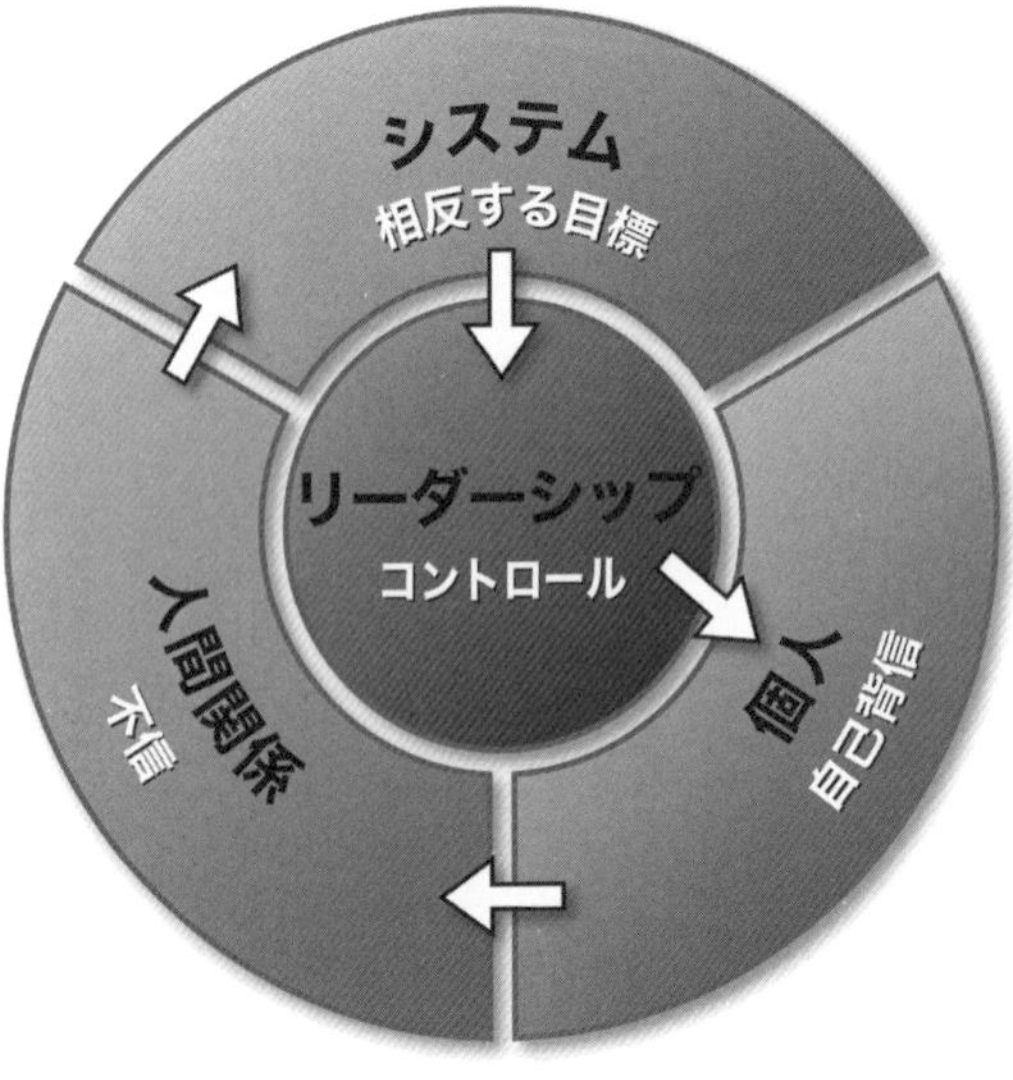

個人のレベルにおけるリーダーの役割は、**信頼性**の**模範**を示し、「**モデリング**」を行なうことである。これは、**能力**と**人格**の双方を含み、技術的なスキルなどはもちろん必要であるが、何よりも大切なことは、良い人間になり、原則からぶれない態度を示すことである。

そうすると、人間関係において**信頼**が育成される。そして、職場における信頼を最大限に育成するために、**毎月のコーチング面談**を行ない、部下を「**メンタリング**」していく。つまり、彼らの成功と成長を応援するということである。

いくら良い人が集まっていても、悪いシステムに入れてしまえば、結果が悪くなる。従って、戦略、プロセス、組織構造のすべてが、ひとつの方向に向かい、**一貫性**を持っていなければならないし、そのために、リーダーは日頃から「**システム作り**」に専念しなければならない。

そして、そのシステムの土台を活用しながらも、リーダーは「**エンパワーメント**」を進める。全員と**ミッションを共有**し、原則を決意し、権限委譲を進め、**意味と意義**を明確にし、仕事を**大業**とし、人間の最大の可能性を引き出す。

これらの「真北の原則」を実施することにより、組織の全力が顧客のニーズを満たす方向に投入されることになるのだ。

実際にどのようにそうすればいいのだろうか？
それを次に紹介していくことにしよう！

第5章

会社のスコアカード

数字を把握すべし（スコア1：生きること）

会社の利益は、固定客からもたらされる。つまり、御社の商品やサービスの自慢話を広げ、友達を一緒に連れてきてくれる人たちである。

――W・エドワーズ・デミング（品質管理の革命を生み出した統計学者）

利益なければ、ミッションはなし

言うまでもないだろうが、企業組織は数字で生きるものである。「利益がなければ、ミッションはなし」と言うほかはない。

そして、その数字の把握は、どれほど素早く、正確に把握できるのかが、企業の成功にとって不可欠な課題なのだろう。

企業は数字で生きる。

生物が生きるための要件

生物学において、生物が生きるためには、ふたつの条件があるという。
それは、**予測とフィードバック**である。

つまり、どうすれば、生きるために必要な資源が得られるのかを予測し、その予測に基づき行動をする。

そして、予想通りの結果が得られたかどうかを把握し、必要に応じて環境に適応するために行動を変えなければならない。

> **フィードバックのデータに基づき、行動を変える！**

会社も生き物である

英語で、**生物**のことを「Organism」といい、また、**組織**のことを「Organization」という。そして、どちらも同じ生物学上の原則によって支配される。

生物学の世界で、こう言われる。

細胞の如く、臓器あり。臓器の如く、生物あり。生物の如く、組織あり。組織の如く、社会あり。

全部同じ原則によって支配されるのだ！

予測を立てて、それに基づき行動をし、結果を測定し、必要に応じて行動を変える。

こうしない限り、絶滅してしまうほかない。

そして、結果の測定と軌道修正が正確で、また早ければ早いほど、組織は活性化され、その環境において栄える。

生物と企業は、同じ原則によって支配される。
結果を測定し、そのデータに基づき、行動を修正しなければならない。

予算と財務会計の本当の意味

企業にとって、この「予測」と「フィードバック」は、「**予算**」と「**財務会計**」になる。

予算で、来期の予測を立てる。

売上の予測もそうだし、経費の予測もまたしかり。

今の事業環境において、どのように資源を確保し、どのような設備投資を行ない、また人を採用し、給与を支払い、営業活動を実施し、それに基づきどのような結果を期待できるのかを計画に落とし込む。

そして、毎月の**決算**を行ない、実際にどうだったのかを財務会計で把握する。

> **会社は、予算を立てて、決算をすることで、予測とフィードバックのメカニズムを実施し、生物として生きる要件を満たす。**

活用しなければ、意味がない

そこで、大きな問題が出る。

それは、この財務会計が軌道修正のために、十分に理解され、また利用されていないということである。

マネジャーも財務諸表の読み方を知らないことも多いし、従業員は、財務諸表を見せられていない企業がほとんどである。

多くの経営者は、財務諸表を最大の機密事項にしてしまっている。

しかし、それでは、従業員は、自分の行動を修正することはできない。

会社の財務諸表を秘密にしてしまえば、従業員は軌道修正ができない。

私は、初めて零細企業を経営したことをよく思い出す。
売上は伸びない。
利益は出ない。
収支が回らない。
自転車操業の日々であった。

そこで、あることを試みた。
それは、収支表と損益計算書を事務所の壁に貼付けたのである。
そう。すべての数字を従業員と共有した。
何月何日に、いくらお金を回収できるのか。
また何月何日に、どのような経費の支払いをしなければならないのか。
すべてを書き出し、誰もが見える場所に貼った。

それからしばらくして、面白いことが起こる。

事務所に到着したとき、秘書はいない。

「どうしたのだろう?」と思い、彼女の机に行ってみると、ノートが置いてある。

「営業に出かけます。また午後に戻ります」

会社の苦しい状況を見て、これではまずいと思い、売上を自分でとってきたのである!

後で知ったことだが、経営の神様として名を残している松下幸之助も全く同じことをしていた。

決算書を作成することなく、会社を経営することはもちろんない。

しかし、その決算書の中身を全員に開示し、説明し、その中身について話し合い、それに基づき軌道修正を図るとなると、意外とできていない。

まず、そこから変えることにしよう!

会社の生命力が高まるに違いない。

データを活用しなければ、データがないのと同じだ!

会社のバイオフィードバック

ある病院で面白い実験が行なわれた。

重病の患者の部屋にある数字を表示するようにした。

それは、その患者の今の生命力を数値化したものだった。

血圧、体温、心拍数、呼吸その他もろもろのデータをリアルタイムで測定し、それを総合して、ひとつの指標にまとめたのである。

そして、患者は常にその数字が見えるようになると、自分の意思で、その数字を変えられるということを発見した！

今、病院においてこのバイオフィードバックがストレス、喘息、慢性的な痛み、便秘、高血圧、放射能治療の副作用などの治療に利用されている。

同じ手法は企業においても利用できる。

従業員に十分なリアルタイムのデータを与え、その解釈を教えるようにすれば、企業という生物は健康に向かう。


財務データを従業員に開示しよう！

決算書を勉強しよう

理解力も高めるようにしよう。

会社の基礎的な財務諸表は三つある。

それは、**損益計算書**、**貸借対照表**、そして**収支表**である。

損益計算書は、会社の売上と経費と利益の関係を示す。

売上－経費＝利益

つまり、会社はどのくらいの価値を生み出し、またその価値を生み出すためにどのくらいの資源を利用したかを示してくれる。

そして、その結果として、いかほどの利益が出たのかを教えてくれる。

これは生産性の最も基礎的な数字であり、毎月全従業員が見るべきである。

利益は生産性の最も基礎的な指数である。

貸借対照表は、資産と負債の関係を示す。
会社は今どのような資産を保有し、またどのような負債を抱えているのかを教えてくれる。
そして、短期的なものと長期的なものに分けることで、短期的な負債を返済するに必要な現金は確保できるかどうかを教えてくれる。

貸借対照表は、資産と負債の状況を教えてくれる。

収支表は、現金の流れを示し、現金の出所と使い方を教えてくれる。

売上は回収していなければ、現金にはならないし、経費が発生していても、まだ支払っていなければ現金を減らす結果になっていない。また、減価償却（機材が古くなることによって発生する損失）も、買い替える時期までは、現金を減らすことにはならない。従って、収支表と損益計算書はイコールにはならない。

収支表は、現金の出所とその使い方を教えてくれる。

この三つを十分に理解していなければ、それについての本を買って読むなり、セミナーに通うなどして、絶対に理解できるようになろう！

この三つを理解することなく、優秀な企業人になることはまずない。

財務諸表に現れない会社の実態

財務諸表、その他の生産性を表す数字を理解せずに優秀な経営人にはなれない。

しかし、この財務数字を過信してはならない。

なぜなら、利益等の数字は、**結果**についてのデータであり、**原因**について何も教えてくれないからである。

ずいぶん前のことになるが、ある経済団体で働く友人と一緒にあるホテルのレストランに食事にでかけた。

そのレストランはパンケーキが有名だった。

レストランに入ると、友達はウエイターに向かって、シナモン・パンケーキを注文した。

そのウエイターが、時計を見て、次のように返事した。

「ごめんなさい。今五時三七分になっています。シナモン・パンケーキは、五時までとさせていただいております……」

「じゃ、普通のパンケーキは?」

「それならできます」

友達は仕方なく、それを注文した。


ここで考えてみてほしい。

シナモン・パンケーキを作るのは、どのぐらい難しいのだろうか?

パンケーキは作れるのに、シナモンパンケーキができない理由はあるのか?

何もない!

上にシナモンをふりかければいいだけの話である。

この注文に応えられない料理人もいないし、普通の主婦でも簡単にできる。

ただ、顧客のニーズを無視したシステムがあり、従業員のエンパワーメントができていない。そして、その原因は、経営者が従業員を信頼していない。五時以降にシナモンをふりかけてはならないと!

会話を楽しみ、食事を済まし、外に出たところ、友達が私に向かって言った。

「来年の夏の会議は、ここにしない」

一週間ボールルーム（大宴会場）の貸し切り、数千人の宿泊、数えきれないほどの食事など、軽く数千万円にも上る売上はすべてパーである。


ところが、再来年になり、来年の決算が出たときにどうだろうか？

売上や利益が減ってしまっている。

それは一目瞭然だ。

誰にでもわかる。

しかし、「その原因は何だろうか？」となったとき、誰もわからない。

二年前に、ウエイターがシナモン・パンケーキの注文を断ったからこうなったと誰も思わない。

原因は不明のままなのだろう。


財務データだけでは、結果はわかるが、原因はわからない！

改善し続けることだ

会社経営においては、品質と顧客満足の永遠なる改善を求め続けるしか道はない。

そして、信頼性、信頼、一貫性、エンパワーメントといった正しい原則を追求し続けるしかないのだ。

と同時に、原因についてのデータも集める必要がある。

それを次に勉強しよう！


品質の永遠なる改善以外に道はない！

演習

会社の財務データを見て、どこに問題があるのかを考えよう。

財務データをよりよく理解するために、あなたはどういう勉強をする必要があるだろうか？

さらに財務データを従業員やチームと共有するために、どうするか？

360度周りを見よう！（スコア2：愛すること）

どのビジネス、組織、政府省庁、国でも島にはなれない。すべての利害関係者に対して正しいことをしなければならない。それは、株主のために価値を生み出す方法でもある。失敗する世界において、成功する個人はない。

——ドン・タプスコット（企業家）

ガチョウと金の卵

昔々大昔、それは遥か太古大昔のことだった。

あるところに貧しい農人が暮らしていた。

その農人は一羽のガチョウを飼っていた。そして、そのガチョウが産んでくれる卵を市場で売って、生計を立てていた。

そんなある日、農人は朝ガチョウの巣に行ってみると、一個金色に輝く卵が産まれてあった。

そんなはずはないと思ったが、もしかすると、本当かもしれないとも思い、市場に持って行ってみると、何と純金だった。一八金じゃない。二四金だった！

それから毎日、一個ずつ金の卵が産まれた。

そして、あっという間に、その農人は大金持ちになった。

しかし、人間は不思議なもので、だんだんと、欲が出る。

金の卵が欲しい！

全部欲しい！

今欲しい！

そう思って、農人は手斧を取り、ガチョウのクビをはねた。そして、中にあるであろうその金の卵を全部取り出そうと、中に手を突っ込んでみると、内臓しか、ないぞう！（笑）

この物語には、効果性の本質が描写されている。

金の卵（望む結果、利益、お金など）は確かに大切。

しかし、その金の卵を産んでくれる**ガチョウ**（人間関係、能力、生産性）を維持しない限り、金の卵は一個たりとも産まれてはこない。

金の卵は大切だ。でもそれを産んでくれるガチョウはもっと大切だ!

どの会社でも、財務会計で金の卵を熱心に計る。

しかし、ガチョウの健康状態を測定する企業はごくまれである。

それでは、愚かな農人と同じではないか!

財務会計は、産まれた金の卵を数えるために必要な情報を与えてくれる。しかし、ガチョウについて何も教えてくれていない。

これから、そのガチョウの健康状態を把握する方法について考えることにしよう。

財務諸表は、金の卵の数を教えてくれるが、ガチョウの健康について教えてはくれない。

３６０度の情報システム

我々にとって、最も大切なガチョウは、人間関係である。

いや、「ビジネスは人間関係作りである」と言っても過言ではない。

従業員との関係、お客様との関係、資本提供者との関係、担当省庁との関係、周りのコミュニティとの関係。これらなくして、企業は何の結果も生み出せない。

それどころか、企業のミッション、存在意義そのものが、これらの**利害関係者**のニーズに応えることであり、彼らを喜ばすことである。

そこで多くの企業が犯す間違いは、利害関係者のひとつかふたつに集中し、残りをないがしろにしてしまうことである。

株主とお客様だけを考え、従業員を忘れてしまう。

組合との関係を重要視するあまり、お客様をおろそかにする。

従業員やお客様を大切にして、政府との関係を忘れて、大きなコンプライアンスの問題を起こす。

どれひとつをおろそかにしてもダメである。

利害関係者は**360度**企業を囲み、その活動を支え、その成功をサポートしている。
従って、経営は360度でないといけないし、情報システムも360度でないといけない。

企業の存在目的は、360度の利害関係者を喜ばすことだ！

株主の満足は利益だけじゃない

財務会計は、株主のニーズが満たされているかどうかを計る大切な指標である。しかし、それでも本当の満足を把握する上で不十分と言わなければならない。

・株主から見ると、十分な情報開示が行なわれているだろうか？
今の役員の選定方法や、株主総会の開催方法に満足しているだろうか？
財務諸表を見ただけではわからない。

・また、お客様の満足は、売上の数字である程度把握できるといえよう。
しかし、本当はどうだろうか？
良い競合品がないから買っているということはないだろうか？
買った後、後悔していることはないだろうか？

・周りのコミュニティは、自社の存在を喜んでくれているだろうか？

こういう問題になると、大きな問題が発生して、初めて財務諸表に出る。しかし、その時点でもう後の祭りである。

過去の実績は、将来を保証するものではない

財務会計は、過去についてのデータであり、これからガチョウが産んでくれる卵を予測することにもならない。

金融業界で働くと、再三再四見せられる警告の文書がある。それは、「過去の実績は将来の実績を約束するものではない」という一文である。まさにその通りだ。

じゃ、どうすればいいのだろうか？

それは、**３６０度の利害関係者情報システム**を確立する以外にない。

・顧客の満足度調査。

・従業員の満足度調査や意見の募集。
・周りのコミュニティや関係省庁の意見調査。
・株主からの改善案募集。

そして、常に正しい原則を守り、どの利害関係者も裏切ってはならないという決意が必要であるのだ。

３６０度の利害関係者情報システムを構築しよう。

顧客の意見を聞きたがらない企業の数々

お客様は最も大切な利害関係者のひとつであることは、どの企業でもすぐ理解できるだろう。

しかし、それでも、意見を聞きたくないと言わんばかりの会社がほとんどである。

クレームをぶつける顧客を迷惑がる。

問題が発生したとき、その情報を把握し、改善に結びつけるシステムは確立されていない。

お客様が不満を表現してくれていても、自分たちでそれを書き留めず、顧客自らがそれを書いて、クレームとして送ってくれるのを待っている。

悲惨な状況なのではないか？

まずここから改善せよ！


顧客の不満足を把握し、記録し、収集し、「なぜを五回問いかけて」、会社のシステムを改善するデータとして活用しよう。

お客様に書かせるのではなく、その不満足に気づいた従業員に記録してもらおう。

そして、不満足があるということを嘆くのではなく、それに敏感に気づく従業員がいるということを喜ぶようにしよう。


顧客の不満足や改善の要望を敏感にキャッチするシステムを早速作ってみよう！

部下と上司はどう思っている？

会社の周りに３６０度、利害関係者が取り囲んでいる。

・顧客の満足はどうだろうか？
・彼らの最も喜んでいるところは何だろうか？

・不満なところは何か？
・関係省庁は、今のコンプライアンスの状況をどうみているのだろうか？
・株主はどうだろうか？
・仕入れ先はどうだろうか？
・従業員の満足度はどのくらいだろうか？
・彼らの最も望んでいる職場の改善は何だろうか？

自分自身の現状についても、３６０度のデータがほしい。

・上司は自分のことをどう評価しているだろうか？
・同僚や部下はどうだろうか？
・お客様などはどうだろうか？

これも定期的に調査し、自分の自己改善に役立てたい！

内部のデータも大切にしよう！

数字を把握していなければ、リストラの対象に

多くの企業の買収や合併に、経営コンサルタントやマネジャーとして携わってきたが、**リストラの**はめになるマネジャーたちにひとつの特徴があることがわかった。

それは、その会社の数字を把握していないということである。

新しい経営陣が入ってきて、聞く。

「今顧客満足度はどのくらいですか？」

「知りませんが……」

「この部の生産性は今どうなっている？」

「生産性？」

「あなたの部署で一番売上に貢献している従業員は誰ですか？」

「さあー……」

これでは話にならない。

企業は数字で生きている。

その数字を測定し、記録し、報告し、改善しなければならない！

数字を把握していなければ、リストラ対象族になる。

小さなことからスタートせよ！

どんなに簡単なデータでもいいから、データを集め始めよう。
そのデータに基づき、改善を図り、信頼残高の預け入れをする。
３６０度を見ることにしよう！
３６０度利害関係者のことを考えることは、真のリーダーの証である。

３６０度を見るからこそ、リーダーといえるのだ。

演習

顧客の不満足をどのように把握し、システムの改善に役立てるようにするのか？

ほかの利害関係者についてのデータを集め始めるために、どこからスタートするのか？

どのようにして、それをちゃんとしたシステムとして確立していくのか？

そのデータをどれぐらいの頻度で収集するのか？

同業他社を無視できない（スコア３：学ぶこと）

敵を知って、己を知っていれば、百戦の結果を恐れるには及ばない。

――孫子

改善は無限である

健全なガチョウは、常に成長しているガチョウである。
つまり、昨日より今日、今日より明日、多くの金の卵を生み出してくれるはずである。
そのために、組織の中に、改善の文化を構築していく必要がある。

改善は無限である。
キリがない。
いくらでも、学び、成長し、改善できる。

昨日より今日。今日より明日。永遠に。

そのためには、情報が必要である。

財務諸表や３６０度の利害関係者情報は、問題点を指摘する上で大いに役立つ。しかし、具体的にどのように改善していけばいいのか？　どのようにシステムを変えていけばいいのか？

それは教えてくれない。

有意義な変化は外部からくるものだ

第二次世界大戦後に、日本の経営者たちに改善と品質管理の哲学と手法を教え、経済の奇跡を起こしたＷ・エドワーズ・デミング博士は、次のように述べている。

「善意ある従業員は、自分の仕事のすべてを知っている。それを改善する方法以外は。有意義な変化はすべてシステムの外からくるものである！」

従って、大きな改善、劇的な変化を望むのであれば、システムの外に目を向けて、そこからの情報を収集しなければならない。

有意義な変化はシステムの外からくるものである。
会社の外に目を向けよう!

である。

「ベンチマーク」という言葉は、測量で使用される用語で、高低の基準となる**水準点**という意味で

このアプローチは**ベンチマーキング**と呼ばれる。

世界一という水準

つまり、自社は今高い位置にいるのか、低い位置にいるのか。もっと優れたやり方があるのか。その基準を探すということである。

そして、その水準は常に世界一でなければならない。

・世界一の商品はどのようなものか?
・世界一、マーケティングの優れた企業はどのような手法でマーケティングを行なっているのか?
・世界一の製造プロセスはどのようなものか?
・世界一の会計手法はどうか?

直接訪問、本や雑誌、ウィンドウ・ショッピング、優秀な企業で働いている友達からの情報、お客様の話を聞く、このような情報を得る方法はたくさんある。

大切なことは、常に世界一に目を向けて、そこから学ぶという姿勢である。

世界一を基準にしよう！

同業他社よりも、関係ない企業をみよう！

そして、ここで注意しておきたいことは、本当の世界一は同業ではないことが多いということなのだ。

競合相手をみるだけでは不十分である。

たとえば、全米で最も優秀な消防署はこのベンチマーキングという手法に取り組んだとき、Ｆ１のレース場で、事故が発生したとき、どのようにその運転手を車から救い出しているのか？　宇宙開発局の利用している空気ボンベはどのようなものか？　それは自分たちの救助活動や消防活動に利用できないものか？　そういう情報を収集し、改善に役立てた。

セミナーを開発するとき、私の会社は、ディズニーランドやスピルバーグの映画を意識し、どうしたらもっと楽しいものにできるのかを考える。

アメリカ海軍の特殊部隊ネイビー・シールは、車の運転について、ラリーのトップドライバーを呼んで教授してもらったり、狩りのプロを呼んで追跡の技術を教えてもらったり、言語学者を呼んで語学取得の方法を指導してもらったり、常に世界のトップから学ぶようにしている。

異業種も大いに参考にしよう!

現在のグローバル経済は、世界一の水準を求めている。

自社の可能性を信じて、常に世界一を意識し、情報収集をし、その情報を改善に役立てる。

これこそ、現代に生き残る道であり、計り知れない冒険の始まりになるに違いない。

協力の輪を広げれば、不可能はなし

ベンチマーキングを行ない、外に目を向けることには、もうひとつのメリットがある。

それは、Ｗｉｎ－Ｗｉｎの範囲を伸ばし、**協力の輪**を大きく広げることになるということである。

現在のグローバル経済において、単独で成功する企業はない。

多くの企業や個人とチームを組み、一緒に協力することによって成功する。

他社に製造を依頼したり、デザインを委託したり、流通してもらったり、広告を制作してもらったり。話し始めれば、キリはない。

今は協力の時代だ！

技術についても、**レゴ時代**だと言われるほどである。

レゴ・ブロックという子供のオモチャがあるが、いろんなデザインに組み立てることができるブロックである。

子供の想像力に限界はない。

それと同じように、現在のイノベーションの多くは、他社が持っている技術や部品を組み立てるだけだ、まったく新しい商品を作るものである。

世界一を合わせて、新しい世界一を作る。

たとえば、既存のパーツで人工衛星を製造すると、一〇〇〇万円ちょっとでできてしまう。それで多くの衛星を軌道に乗せ、二時間おきに地球全域の写真を地上に送信し、このデータを売ることを商売にしようという企業がある。

何ひとつ単独の技術はない！

すでに世界一に目を向けていれば、こういう機会に敏感になるだろう。

また、そういうコラボが可能になる人脈も生まれる。

競合相手という概念そのものは、もう時代遅れなのかもしれない。

たまたま今一緒にプロジェクトをやっていない他社があるのみである。

ハリウッドもこのモデルで世界を凌《しの》いでいる。

ほかの映画で今活躍しているタレントは、次回自分の映画で活躍するひとたちなのだ！

今の競合相手は、次回のコラボの相手！

演習

気になっている世界一の会社はどこで、人は誰か？

彼らから何を学びたいのか？

より身近に観察する機会をどのように得ようとするのか？

定期的にいろんな世界一に接するために、あなたはどうするか?

今どこの企業・誰と新たなコラボをしたいと思うのか?

彼らのどういう優れた能力を活用したいのだろうか?

最後は内なる声だ！（スコア４：貢献すること）

人生において、安全でもなく、慎重でもなく、人気もない立場を取らなければならないときがある。
良心は、それが正しいと言っているからそうするのだ。

――マーティン・ルーサー・キング・ジュニア（黒人民主権運動の指導者）

自分の基準で判断せよ！

いくら財務会計の数字を把握していても、いくら３６０度の利害関係者の調査を行なっていても、いくら世界一はどうなっているのかを研究していても、自分の基準を裏切ってしまえば、無意味である。

最後は**良心**と**想像力**にゆだねるしかない！

最後は、自分の心の基準なのだ！

私はセミナー会社を設立し、自ら社長を務めていた頃、ある面白い習慣があった。
それは、セミナー終了後、スタッフ全員を集合させ、反省会を行なうというものであった。

そこで、スタッフ全員にひとつの質問をしてみる。

「今回のセミナーは一〇〇点満点で、何点だったでしょうか？」

そこで、二〇点以上の評価が出たことはない！


しかし、お客様の評価を見てみると、九七～九八の平均点になっている。


このことを見て、新入社員はいつも驚いていた。

そこで、説明してあげなければならない。

「点数を付けるということは、自分たちの限界を設けることでもあります。自分たちの考える一〇〇％に対して、今九〇％であれば、後は一〇％しか改善の幅を想像できていないということです。先輩たちがみんな低い点数しか付けないのは、それだけビジョンがあり、それだけ素晴らしいセミナーのイベントを絶対に実現できるはずだと思うからですよ」


エンパワーメントができている環境において、自己評価は絶対に他人の評価よりも厳しいものになる。

自己評価が一番厳しい！

会社を作っているのではなく、人生を作っている

お金のためにだけ働いているのではない。
他人の評価を得るためにだけ働いているのでもない。
競合他社を凌《しの》ぐために働いているのでももちろんない。
自分のミッション、使命、ビジョンを実現するために働いている！

そして、そのミッション、使命、ビジョンを信じれば信じるほど、自分の心の中を探しだし、現状を直視し、実際はどうなのか、あるべき姿はどうなのかを真剣に考えなければならない。

聖書の詩編にこう書いてある。
「自分の心を勤勉に探し出せ、そこから命の泉がわき出づるからである」

ここで、結果だけでなく、どのような動機で行動していたのか、自分のベストをつくしていたのか、もっとできることはなかったのか、自分の本当の基準を満たしていたのか、人が決して見えないところまで見つめることになるだろう。

それができてこそ、原則中心のリーダーといえるのである。

イエス様は次のように表現した、

「全世界を得ても、自分の魂を失ってしまったら、何の得があろうか」

自分の心に沿って、人生を送るようにしよう！

演習

今、会社であなたの基準を満たさないものは何か？

今は一〇〇点満点で、何点だろうか？

そこで、あなたの本当の基準はどういうものだろうか？

そこに近づくために、何をすべきだろうか？

要約：原則中心リーダーシップのパラダイム＝四つのスコアカード

真の天才というのは、不確実、危うい、矛盾する情報を評価する能力を持つ人だ。
――ウィンストン・チャーチル（イギリス首相）

今までみてきたように、原則中心リーダーシップを実行する最初のプロセスは情報収集することである。

財務情報（**生きること**）、**利害関係者の情報**（**愛すること**）のそれぞれを見つめて、現状を把握した上、外に目を向けて、**ベンチマーキングの情報**（**学ぶこと**）を行ない、改善を図っていく。そして、最後は自分の**良心・基準・ビジョン**（**貢献すること**）で考える。

360度の情報システム

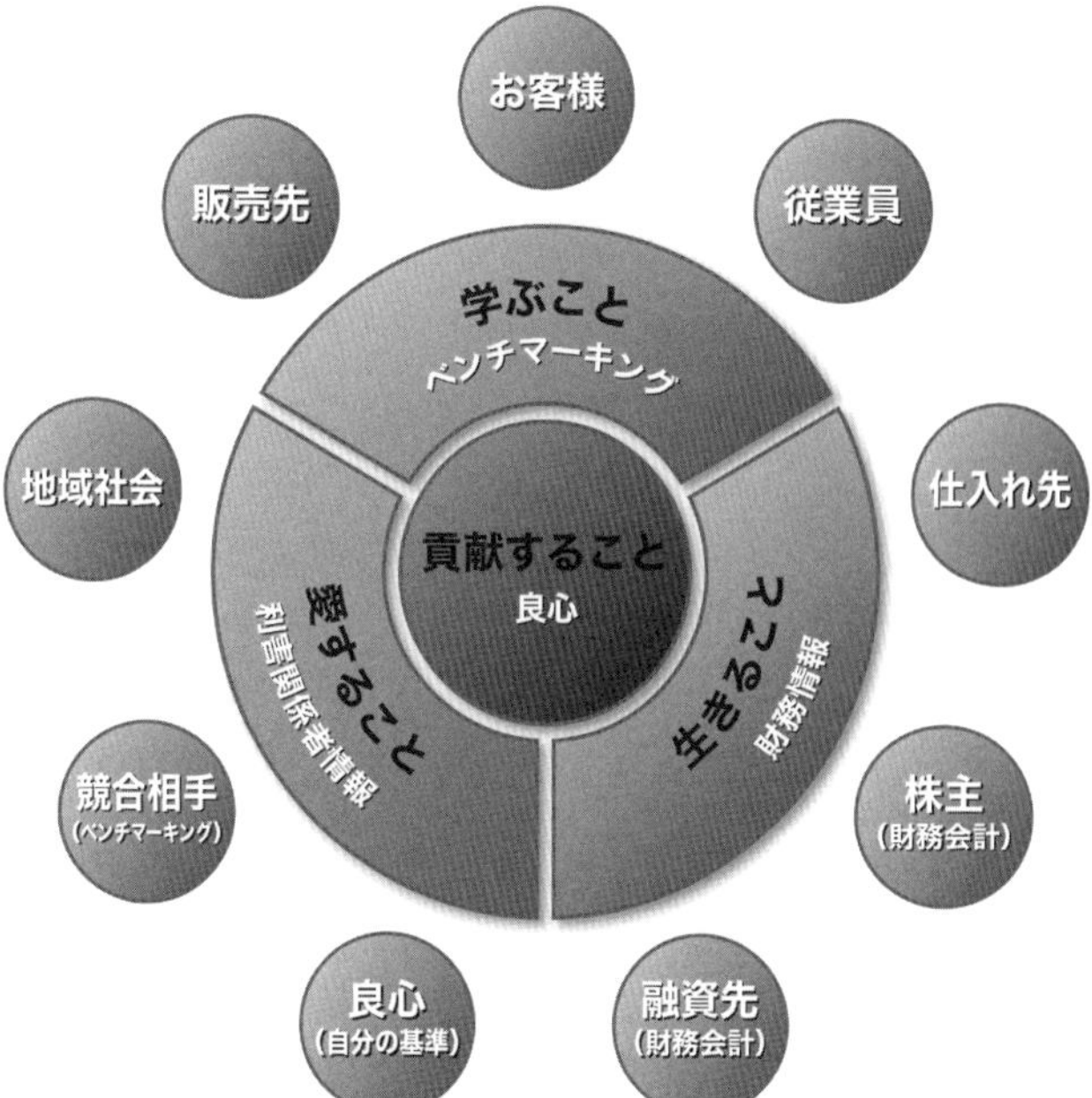

この情報を把握した上で、次に勉強する四つの協定を結ぶことで、組織の潜在能力をすべて引き出すことにしよう！

第6章

協定を結べば、すべて良し

あなたの人生の目的は何？（協定1：個人のミッション）

自分のミッションに対する消えない信仰を持って、内なる炎を燃やす少数の人間が、歴史の流れを変えることができる。

――マハトマ・ガンジー（インド独立の父）

協定は成功への約束

この「原則中心リーダーシップ」を実行するためには、**四つの協定**を結ぶ必要がある。この四つの協定が真北を指してくれる羅針盤になり、その針の指す方向にさえ向いていれば、道から大きくくずれることはない。

この四つの協定は、文書に落とし込み、定期的に復習し、すべての行動の元となる。

今まで見てきたすべてと同じように、これらの協定は四つのレベルにおいて存在し、そこに作用し、あなたの毎日を導いてくれる。

どれひとつ欠けていても、あなたの会社や組織は、その本当の可能性を発揮することはない。

原則中心リーダーシップの実現のプロセスは、
３６０度の情報を収集し、四つの協定を結ぶことだ。

人との約束を作る前に、自分との約束をせよ！

最初の協定は、あなた自身の**個人的なミッション・ステートメント**である。

あなたは会社を営んでいるかもしれないが、それ以前に、人生を営んでいる。

あなたの人生の**目的**は何だろうか？

あなたの毎日を方向づける大切な**原則**や**価値観**は何か？

このふたつの質問の答えを文書に綴《つづ》ってみよう！

会社は営んでいるが、その前に人生を営んでいる。

私のミッション・ステートメントを紹介しよう。

私の人生の目的は、世界により良い生き方を教えることである！

だからこそ、今朝五時に起きて、こうしてパソコンに向かっているのだ。

これは私のミッションであり、使命であり、最も喜びとするところなのだ。

私の人生の目的は、世界により良い生き方を教えることである。

そして、私の人生を方向づける原則は：

信仰、愛、勇気、人を大切にする、ベストをつくすなどになっている。

ミッションのある生き方

あなたの場合はどうだろうか？

自分の子どもの頃の夢は何だったのだろうか？

人生の最期になり、振り返ってみて、何を達成したかったのだろうか？

そのとき、周りの愛する人たちから、どのように覚えられたいのだろうか？

どのような仕事に召されていると心の奥に感じるだろうか？

その夢に向かっていくとき、道しるべになってくれる大切な原則と価値観には、どのようなものがあるだろうか？


このミッション・ステートメントは、リーダーとして、毎日あなたのよりどころとなり、意思決定に迷ったとき、何よりも解決を与えてくれる。

1　自分の人生の目的は何なのか？
2　守ると決意している大切な原則は何なのか？

そこから、ぶれなければ、残りのすべては善し。


人生において、いくらお金を稼いだか？

それはさほどの問題ではない。

大切なのは、自分の使命を果たし、曇りのない心で毎日を過ごしたか。

この一点につきる。

ミッションは、すべての行動の基準であり、リーダーの道しるべになる。

演習

自分のミッション・ステートメントを書いてみてください。

私の人生の目的は……

である。

私の大切にしている原則と価値観は……

である。

コーチングの秘訣（協定２：Ｗｉｎ‐Ｗｉｎの実行協定）

価値ある仕事に従事する機会は、人生最高のギフトである。
――セオドア・ルーズベルト（アメリカ合衆国大統領）

従業員の主体性を引き出す究極の道具

毎月の「**個人コーチング面談**」を思い出してみてほしい。

そこで、部下ひとりひとりと会って、仕事の進捗《しんちょく》状況や問題点を話し合い、そして、次の一ヵ月の目標などを話し合う。

この習慣は、組織の効率を大きく向上させる。

その過程において、大きく役立つものがひとつあるとすれば、それは**Ｗｉｎ‐Ｗｉｎの実行協定**なのだろう。

このWin-Winの実行協定は、エンパワーメントの道具であり、高い主体性が発揮される現代の職場において、部下を管理する最強のツールにもなる。

また、仕入れ先などの管理にも役立つ。

そして、他の部署との関係や協力においても利用していきたい。

このWin-Winの実行協定の本質は、手段ではなく、結果を管理することにある。


手段ではなく、結果を管理する。

報連相が間違っている

現代社会の特徴は変化の激しさにある。

顧客のニーズとウォンツが変化する。

現場の実況が激変する。

様々な問題が発生し、現場にいる人は自ら意思決定を下し、素早く対応しなければならない。

上司と相談する時間などは、あろうはずもない。

この激流ともいえる環境において、従来の管理では無理である。

従来の管理は、「**報連相**」という言葉に象徴される。

問題が発生したとき、上司に報告をあげて、連絡をとり、相談して、対応策を決める。

しかし、これは組織の人間関係において信頼がないという前提なのだろう。

そして、相談している間、競合相手はすでに顧客のニーズに応え、得意先を奪ってしまっている。

あるいは、最悪の場合、問題は短時間で悪化し、会社の命取りにもなりかねない。

どうしても、新しい管理手法が必要になる。

そして、それは、手法を指示するものではなく、結果を要求し、達成方法を現場に任せるものでなければならない。

一〇〇〇億産業の作り方

このＷｉｎ－Ｗｉｎの実行協定には**五つの部分**があり、部下や仕入れ先、一緒に仕事する相手と話し合い、この五つを明確にしていく。

そして、それはお互いが常に原則を中心にして行動しており、高い信頼が得られている関係であればあるほど、大きな自由を与えてくれることになる。

つまり、エンパワーメントができるのだ！

このＷｉｎ‐Ｗｉｎの実行協定さえできれば、管理の手間から大きく解放され、ひとりのマネジャーが見られる部下数や組織の範囲が大きく広がり、初めて組織をフラットにできる。

組織の階層をなくし、経営をフラットにしなければならないとはよく聞くが、その手法となると、みんな無言である。

しかし、このＷｉｎ‐Ｗｉｎの実行協定を知っていれば、それもさほど大きな問題ではない。

現実に、私の関わっている会社も一階層を実現している。完全にフラットなのだ！

経営を任せている社長や私やほかの従業員はみんな対等関係であり、自分の仕事の所轄において、それぞれが責任を持って、その仕事を遂行している。また、その仕事の範囲において、その人は一番偉いということにもなっている。

セミナーのステージの上で行なわれることについて、ステージ係の私が指示することになり、映像について私は映像担当の指示を仰ぐ。また、イベントの運営そのものについては、映像担当や私は、イベント運営総括の指示に従わなければならない。

このモデルは長年にわたり、ハリウッドの映画業界で磨かれてきた。

映画の撮影現場を考えれば、すぐに理解できるだろう。

監督は、映画のビジョンを持ち、ストーリーを語る係になる。

しかし、照明については、ライティング・ディレクターに任せなければならない。演出も、撮影も、演技もそれぞれの担当がいる。

そして、その領域において、その人が絶対に偉いのであり、残りの人はその人の指示に従うことになる。

みんながスターなのだ！

その実態について、友達であるピーター・グーバーに聞いたことがある。

ピーターは、ハリウッド屈指のプロデューサーであり、『レインマン』、『バットマン』、『カラーパープル』など、数多くの名作を生み出している。

ピーターが言うには、

「昼食の弁当を手配するケータリングの係まで、みんなが自分の映画だと思っている。そして、ストーリーをおかしくしない程度には、すべて彼らに任せなければならない。ストーリーを語るのは自分の役割なので、それだけは譲れない」

そこで、ストレスやフラストレーションを感じることはないかと聞くと、

「みんなの等身大の人形を事務所に置いている。そして、私の考えに合わないことになると、事務所に入り、その人形を殴りまくり、角に座って、小さくなって、泣きじゃくり、そして何もなかったかのような顔を作り、現場に戻る」。

みんなを自由にするのは、大きなチャレンジである。

しかし、その結果はどうだろうか?

ピーターが作る一映画で一〇〇〇億円以上の売上を記録するのだ!

そう、一商品で一〇〇〇億産業になる。

ひとりの頭だけで、こうはならない。

Win‐Winの実行協定とエンパワーメントが必要であるのだ。

Ｗｉｎ-Ｗｉｎの実行協定は会社をフラットにしてくれる。

実行協定の五つの中身

さて、Ｗｉｎ-Ｗｉｎの実行協定に含まれる五つの中身を見てみることにしよう。
それは、
1 望む結果（成果）
2 使える資源（リソース）
3 ガイドライン（ルール）
4 責任に対する報告（アカウンタビリティ）
5 履行不履行の結果（評価）
の五つである。

最初は、**望む結果（成果）**を明確にすることだ。
ここで、注意しておきたいのは、手段を指定しないということである。

手段を明確にしてしまう瞬間、結果に対する責任も引き受けなければならない。

結果に対する責任は、相手に持ってほしい。

自ら考え、激変する環境に適用し、必要に応じて行動を起こし、無事に結果を出してほしいのである。


次は、**使える資源（リソース）**を明確にしなければならない。

エンパワーメントをやっているからといって、予算は無限にあるわけではないし、部下数も無限というわけではない。


ここで、大切なことは、使える資源の範囲を十分に広く検討してみることである。


上司である自分も使える資源になる。

「必要に応じて相談していいよ」

予算や事務所・工場、他部署の協力など、どこまでアクセスしていいのか、これを明確にしておく。

このステップを飛ばしてしまえば、予算オーバーは自分の責任と言うほかない。

三番目は、**ガイドライン（ルール）**である。

これはつまり、やってはいけないことを明確にするということである。

たとえば、法律を破ってはならないという当然のガイドラインがある。

過去の経験から絶対にうまくいかないとわかっているアプローチがあれば、それも共有しておきたい。

また、会社のロゴの色を変更してはいけないなど、社内の大切な決まり事があれば、それも明記しておこう。


もう一度言おう。

どのようにするのかを指定していない。

してはいけないことを打ち出すだけである。


次は、**責任に対する報告（アカウンタビリティ）**。

いつ、どのような形で（文書・口頭など）、誰に対して、進捗状況や達成度合いを報告するのか。

すぐ報告するのか？

定期的に報告するのか？

それは、毎日なのか、役員が株主に報告するように四半期毎なのか？

問題があったときだけ報告するのか？
あるいは、報告すら要らないのか？

そして最後は、**履行・不履行の結果（評価）**を打ち出そう。
望む結果を指定した期限内に達成できなかったらどうなるだろうか？
できたときはどうなるだろうか？

ここで、**自然の結果**と**社会の結果**の両方を考えよう。
自然の結果は、事の性質上、必然的に起こる結果のことである。

たとえば、納品できなかったら、売上は立たない。
運動できなければ、健康は衰退していく。
これらは自然の結果である。

社会の結果は、つまり**賞罰**のことである。
達成できないと、チームからはずれなければならないという結果もあるだろう。
また達成できれば、ボーナスが支払われるようなこともあるだろう。
あるいは、昇進や教育の機会、休暇や職場の改善、様々な結果が考えられる。

ここでヒントとして差し上げたいのは、人間にとって最大の動機づけになるのは、さらなる自由と尊敬する人からの認識を得るということだ。

「ここまでの結果が出せれば、あなたの責任の範囲をここまで広げよう。そして、君のことをとても誇りに思うよ」ということだ。

当然、四つのレベルをすべて考えるだろう。経済的な側面、人間関係、成長と教育の機会、しかし最も大切なのは、王様のレベルであり、相手を認識し、さらに相手に対してエンパワーメントを行なっていくということであり、また社会に対して大きく貢献できるということであるのだ！

究極において、誰も王様を見たくない。王様に見てもらいたい。

そして、王様に認めてもらうためなら、喜んで命までその使命に投げ打つ。

Win-Win の実行協定		
望む結果（成果）		
使える資源（リソース）		
ガイドライン（ルール）		
責任に対する報告（アカウンタビリティ）		
履行・不履行の結果（評価）		

軍隊も指揮命令じゃない！

私は以前に軍にリーダーシップを指導していた経験があり、最近アメリカの特殊部隊を研究しているが、軍のどこの部署も、この同じ手法でエンパワーメントを行なっている。

軍と聞けば、すぐ指揮命令を考えがちだろうが、それは、とても古い時代の話である。

今はエンパワーメントなのだ。

それもそのはずである。

戦場がいつも激変しているからだ。

まず、望む結果を打ち出す。

これは軍でミッションと呼んでいる。

つまり、その結果を出すことは、当面の使命になる。

次は、使える資源を打ち出す。

人数、武器、他部隊からの援助やその時期と範囲。

また、ガイドラインを明確にしていく。

これは「Rules of Engagement（交戦規定）」といって、敵に出会ったとき、どのように応戦できるのか。たとえば、「敵が先に撃つまで、発砲してはならない」という具合になる。

報告もとても大事になる。

特殊部隊の報告は、通常数時間おきになる。
そのくらい綿密な連絡が必要になる任務が多い。

そして、履行・不履行の結果も話し合う。
これは、賞罰などではなく、自然の結果であることが多い。
つまり、この任務に成功すること、また失敗することは、全体の戦況にどのような影響を与えるのか、その重要度などを話す。また、休暇が賞罰として設定されることもある。しかし、彼らは何よりも重んじるのは、同僚からの尊敬である。

Ｗｉｎ‐Ｗｉｎの実行協定なのだ！

軍組織でも、管理と命令ではなく、
エンパワーメントを取り入れている。

コーチング面談から開始

まず、毎月のコーチング面談から活用しよう。

部下の業務に関してＷｉｎ－Ｗｉｎの実行協定を結び、毎月の面談でこれを振り返り、必要に応じて変更していく。

部下との関係において利用できるようになったら、次は自分と上司の関係において、他部署との協力において、仕入れ先などの関係においても応用していこう。

計り知れない人の能力と才能が発揮されるに違いない！

演習

まずは、自分の部下とのＷｉｎ・Ｗｉｎの実行協定を締結しよう！

望む結果？

使える資源？

ガイドライン？

責任に対する報告？

履行・不履行の結果？

次は、上司と話し合い、Ｗｉｎ‐Ｗｉｎの実行協定を締結しよう。

望む結果？

使える資源？

ガイドライン？

責任に対する報告？

履行・不履行の結果？

会社の方向性を定めよう！（協定3：戦略的計画）

計画を立てることは必須である。計画そのものは無意味である。
――ドワイト・D・アイゼンハワー（アメリカ合衆国大統領）

戦略で方向性を統一させる

ミッションを達成するために**戦略**が必要であることは言うまでもない。

この戦略は、**行動計画**であり、毎日の業務を方向づける。
大切な**目標**を定義してくれるし、その**達成方法**も示してくれる。

ここで大切な原則はまた**一貫性**であり、組織の力をひとつの方向に向かせることである。

ほとんどの組織の方向性はバラバラである。
製造部はある方向に向かい、マーケティング部は別の方向に向いている。

また各部署の中でも、各自がそれぞれの考えで動き、**相反する目標**がはびこるばかりである。セクショナリズムや同期との競争、同じ方向に向くどころか、お互いを引っ張り合い、蹴落とす様子さえ見受けられる。

これでは、話にならない。

しかし、戦略的計画の下《もと》に統合され、みんながひとつの方向に向いたら、無敵の力が発揮される。

戦略作りの四つのステップ

ここで、四つのステップが大切になる。

ステップ1：ミッションを復習しよう

そもそも、この会社は何のために存在しているのだろうか？
どういう使命で、みんなが集まったのだろうか？
この会社が社会にとってなくてはならない理由は何なのか？

会社の使命は、世界で最も高級な車を製造するということであれば、エコノミー車をたくさん作り出すという戦略は無意味である。
戦略はあくまでも、このミッションを達成するための道具にすぎない。
それを忘れてはならないのだ。

ステップ2：環境を見つめる

顧客のニーズを把握しよう！

何を望んでいるのか？
どこにフラストレーションを感じているのか？
何にお金を払ってもいいと思っているのか？
自分たちで気づいていないニーズは何なのか？

ほかの利害関係者もみよう！
融資や投資の環境はどうなのか？
技術の進歩で気になるものは何か？
法律の方向性や具体的な変更で、当社の事業に影響を与えるものは何か？

社会全体をみよう！
社会の傾向やムードはどうか？
これからの流行はどうか？
環境に対する配慮や、社会貢献はどのような形が望まれるのか？

会社は公の機関であり、環境の中に存在し、利害関係者のニーズを満たすためにある。
360度でなければならない。

そして、戦略はこの環境とミッションを結びつけるものでなければならない。
この環境の中にあって、ミッションを最大限に達成するためにどうするか？
戦略はこの一質問に答えるためにある！

ステップ3：戦略を打ち出す

環境や利害関係者のニーズを考えながら、ミッションを達成するためのアプローチを打ち出す。

次の一年、三年、一〇年でどうするか？

ステップ4：プロセスを確立する

ステップ3で打ち出した戦略を実践するために、どのようなプロセスや組織を作る必要があるのかを考える。

これは戦略的計画の肉である。

会社はシステムであり、プロセスであり、組織であり、結果はそこから自然に流れ出る。

組織構築やシステムの確立を必要としないものは、戦略ではなく、戦術にすぎないのだ。

組織構築やシステムの確立を必要としていなければ、
それは戦略ではなく、戦術である。

システムは戦略を実現するためにある

会社のシステム（プロセスと組織）の設計は、これからの戦略を支えるものでなければならない。

ミッションに合致しているものでなければならない。

つまり、一貫性がなければならないのだ！

このミッション――戦略――環境、そしてそれを支えるためのプロセスと組織がすべて同じ方向に向いたとき、奇跡が起こる。

会社の潜在能力をフルに発揮し、その力のすべてが無意味な作業や争いではなく、顧客のニーズに応え、会社のミッションを達成することになる！

ミッション・戦略・システムのすべてが
顧客のニーズに応える方向に向いたとき、奇跡が起こる！

これこそが、原則中心リーダーシップの目的なのである。

そして、この戦略が計画書に落とし込まれ、組織全員に伝達される。

それは、四番目の協定であるのだ。

演習

会社の戦略的計画書を復習しよう。
お客様のニーズや今の環境を十分に把握しているだろうか？

戦略は十分に360度の情報（会社の財務状態、利害関係者のニーズと現在の満足度、世界一のベンチマーキング、自分の価値観とビジョン）を十分に反映しているだろうか？

その戦略を実現するためのプロセスや組織の構築が十分に計画そのものに入っているだろうか？

この戦略を実践するにあたり、どのように協力の輪を広げ、さらに世界一とのコラボを実現できるだろうか？

ミッションが会社の羅針盤になる（協定４：会社のミッション）

Facebookは、会社として作ったのではない。社会におけるミッションを達成するために作った。それは、世界をよりオープンでつながった場所にするというミッションなのだ。
――マーク・ザッカーバーグ（Facebook創業者）

すべてがミッションのため

あなたの人生に目的があるのと同じように、会社・組織にも目的があり、存在意義がある。そして、会社の中で行なわれる行動のすべてが、そのミッション・目的・存在意義の実現に貢献するものでなければならない。

一貫性の本当の意味はここにある。

人生において、ほとんどの人が成功しないのは、自分のミッションと関係ない行動に時間と活力を浪費してしまうからである。

そして、ほとんどの組織も成功しない理由は、そのミッションと関係ない作業に時間と予算を浪費してしまうからなのだろう。

ミッションとつながっていない行動はすべて無意味である！

将軍が聞くたったひとつの質問

第一次湾岸戦争の総司令官のノーマン・シュワルツコフ将軍は、大統領からその戦争を率いるための依頼を受けたとき、条件を付けた。それは、勝利の条件を明確にしてほしいということだった。

ベトナム戦争のように、ミッションがはっきりしないことによる悲惨な結果を目の当たりにした自らの経験からくる条件であった。

すると大統領は、「イラク軍をクウェートから撤退させること」だと答えた。

それ以降、これはミッション・ステートメントになった。

そして、将軍は、これによって戦争を管理した。

スタッフの隊員が将軍の事務所に走って来て、言う。

「アラブの兵士と欧州の兵士の間に文化の衝突が起きています。大問題です。どうすればいいのですか？」

すると、将軍は答える。

「それは、イラク軍をクウェートから撤退させることとどういう関係がありますか？」

「直接関係はないけど、大きな問題ですし、対応しなければなりません」

「対応しなくて良い。自分のポストに戻り、イラク軍をクウェートから撤退させる仕事をしなさい」

戦争は六週間で終わり、兵士全員が帰国した。

それ以降のイラク戦争やアフガニスタンの戦争は、ミッションは不明確なので、いつまで経っても、終わりそうにないのである。

組織はミッションによって管理される。

ミッションは社長よりも偉い

ミッションを明確にし、全員がそれに対して決意しなければならない。
それに対して決意できないメンバーを排除しなければならない。

それに対して決意できない仕入れ先を取り替えなければならない。

これはまさに憲法であり、社長といえども、これより偉いということにはならない。

すべてを司る羅針盤なのだ！

全員で作るから力がある

どのようにして、そのミッションを明確にしていけばいいのだろうか？

このミッションは、**ビジョン**と**原則**というふたつの側面がある。

スティーブ・ジョブズのように、先見の明があり、大きなビジョンを示し、みんながそれに対して決意できるリーダーがいる場合、ビジョンは上から来ることもある。

しかし、そうでない場合、全員で話し合い、みんなの中から共有できるビジョンを引き出す必要がある。

そして、原則や価値観については、最初から組織全員の中からくるものでなければならない。


ミッション・ステートメントは全員の参加で作るものなのだ！

つまり、この組織にとってどういう原則が大切で、どのような行動規範に沿って毎日を送っていくべきかについては、みんなの話し合いで決めない限り、誰もそれに対して決意しないのだろう。

そして、一旦このミッション・ステートメントができあがれば、それは憲法にしなければならない。トップ経営陣もこれによって支配されなければならない。

憲法は王様の上なのだ。

皆の心が原則中心

このビジョンと価値観を明確にしていく作業は、決して容易なものではない。

そして、それはミッション・ステートメントという明文化した形になるまでは、早くて数週間、普通は数ヵ月の時間を要することになる。

そこで、多くのリーダーは心配し始めるだろう。

従業員は、十分に素晴らしいミッション・ステートメントを作ってくれるだろうか？

しかし、これは心配無用である。

私たちの長年の経験によって、ひとつの真理が浮かび上がっている。

1　**十分な数の人**が集まり、
2　**信頼できる環境**の中にあって、
3　**十分な情報**が与えられていて、
4　**相乗効果的な話し合い**をしていけば、

ミッション・ステートメントはすべて同じ原則を表現している！！！

固有性があると言っても、けっきょく深い真理とつながり、正しい原則を表明していくことになる。

みんなで作るミッションは、正しい原則を表現するものになる。

誰もが輝きたい

誰も、顧客の不満足、ずさんな品質、平凡、不正、不正直は我々の目指すべきところだとは言わない。

誰もが輝きたい。

誰もが素晴らしい貢献をしたい。

誰もが愛を示したい。

誰もが自分のベストをつくしたい。


怖いと思って、それから逃げていることはあるだろう。

それを目指しても、上はそのようにさせてくれないと諦めているところはあるだろう。

今まで、そういう平凡で、自己背信、不信、相反する目標が蔓延している組織しか経験したことがないので、半信半疑であることも多いだろう。


しかし、心の中で輝きたいと思っている。

神聖な光が心の奥底に灯っている。


そして、王様の本当の仕事は、それを呼び覚まし、その人自らの主権を認め、彼らが自分のベストを目指せる環境を提供してあげることであるのだ。


会社のなすことは偉業である。

全人類のすべての経済的ニーズを満たすということである。

宗教組織も、政府も、ボランティア団体も、みんなそれぞれ偉業に携わっているのだろう。

そして、その偉業は偉業であると認め、崇高なビジョンと価値観をかかげ、毎日それを目指して初めて人間が輝くのである。

会社を経営することは、偉業である！

最終的には、エンパワーメントをするということは、会社の方向性そのものを従業員に任せることである。経営の思想家ジェームズ・C・コリンズが、「正しい人をバスに乗せる」という表現で説明している。つまり、素晴らしい従業員を会社というバスに乗せていれば、方向性を打ち出していなくても、彼ら自らが素晴らしい方向を打ち出してくれるに違いない。

そうなれば、リーダーは退《ど》いてあげればいいのだ。イギリスのディズレーリ首相と一緒に、

民衆に従わなければならない。私は彼らのリーダーだからである！

と叫ぶほかはない。

ミッションはすべてを司る

このミッションは、エンパワーメントの最大の道具なのだろう。

ミッションが明確になっていれば、すべての従業員は、それをみて現場の判断をくだせばいい。


先日、確定申告を提出するために、アメリカ合衆国内国歳入庁（国税局）を訪問した。

窓口の後ろの壁にミッションが掲げてあった。

内国歳入庁のミッション
税に対する責任を理解し、またそれを満たす手伝いをすることで、アメリカの納税者に対して最高のサービスを提供し、全員に対して公平に税法を施行すること。

法律という当然のガイドラインの中に、サービスおよび公平という原則を守りながら、どのようにして納税者を手伝い、法律を施行していけばいいのかを考えれば、それで済むことである。

それに沿って、職員は、とても丁重にこちらの相談内容を聞き出し、その場ですぐに対応してくれた。

最高のサービスと公平さがそこにあった。

長年にわたり、一年に一回、施設に住む子供たちを東京ディズニーランドに連れて行っている。
ディズニーランドのミッションは、
我々は観衆であるゲストにエンターテインメントを提供する俳優と女優である。
従業員は、このミッションをみて、自分の仕事はどのようにしてエンターテインメントになるのかを考え、自分の演技を磨くようにしている。

掃除係も俳優と女優、チケットをチェックする人も俳優と女優。

道理で、楽しい場になっているのだ。

ミッションは毎日見るものだ

これは四つ目の協定であり、会社経営の本質といえる。

新しく組織に入ってくる人については、この憲法によって教育され、その価値観に沿って行動できるようにコーチングしていかなければならない。

そのために、ひとつのプロセスをお勧めしたい。

それは、毎日の朝礼などを、このミッション・ステートメントに基づいて行なうということである。

その中で示しているビジョンや価値観をひとつずつ取り上げて、それがうまくできた事例などを紹介し、またそれをもっとうまくできるためにどのようなことを今日・今週・今月・今期できるのかを話し合う。

それだけのことである。

毎日それを話し合っていけば、その大切さがみんなに伝わり、壁に飾ってあるだけの形骸化した文書ではなく、みんなの毎日の心と行動に生きる羅針盤になるだろう。
そして、みんながそれで燃えないとなったら、書き直す時期なのかもしれない。

ミッションは毎日復習し、毎日応用するものなのだ！

みんなが輝きたい。
どうしたら自分たちの光を世界に照らせていけるのか、それを早速文書にし始めよう！

四つの協定の相互作用

今までみてきたすべてと同じように、この四つの協定も有機的なものであり、相互作用し合っている。
個人のミッションにより、打ち出す会社のミッションも違うし、また会社のミッションによって、集まる個人もそもそも違う。戦略は、環境を意識しながらも、ミッションを実現するためのものなので、それによって影響されるし、またWin-Winの実行協定が、その戦略を実現するための仕事を管理するツールにすぎない。

この四つの協定により、会社において正しい原則を実施していき、繁栄に向かう。

個人のミッションを持つことで、信頼性が育まれ、良い模範になっていくだろう。Ｗｉｎ－Ｗｉｎの実行協定により、部下をメンタリングし、信頼が増える。また、戦略的計画を持つことで、会社のプロセスと組織がミッションの達成と顧客のニーズに応える方向に向かい、すべてに一貫性が出る。そして、会社のミッションはエンパワーメントの道具となり、すべてに意味と意義を持たせる。

つまり、この四つの協定を作り、それを運営していくことは、原則中心リーダーシップの骨組みであり、リーダーの毎日の活動の中心になる。

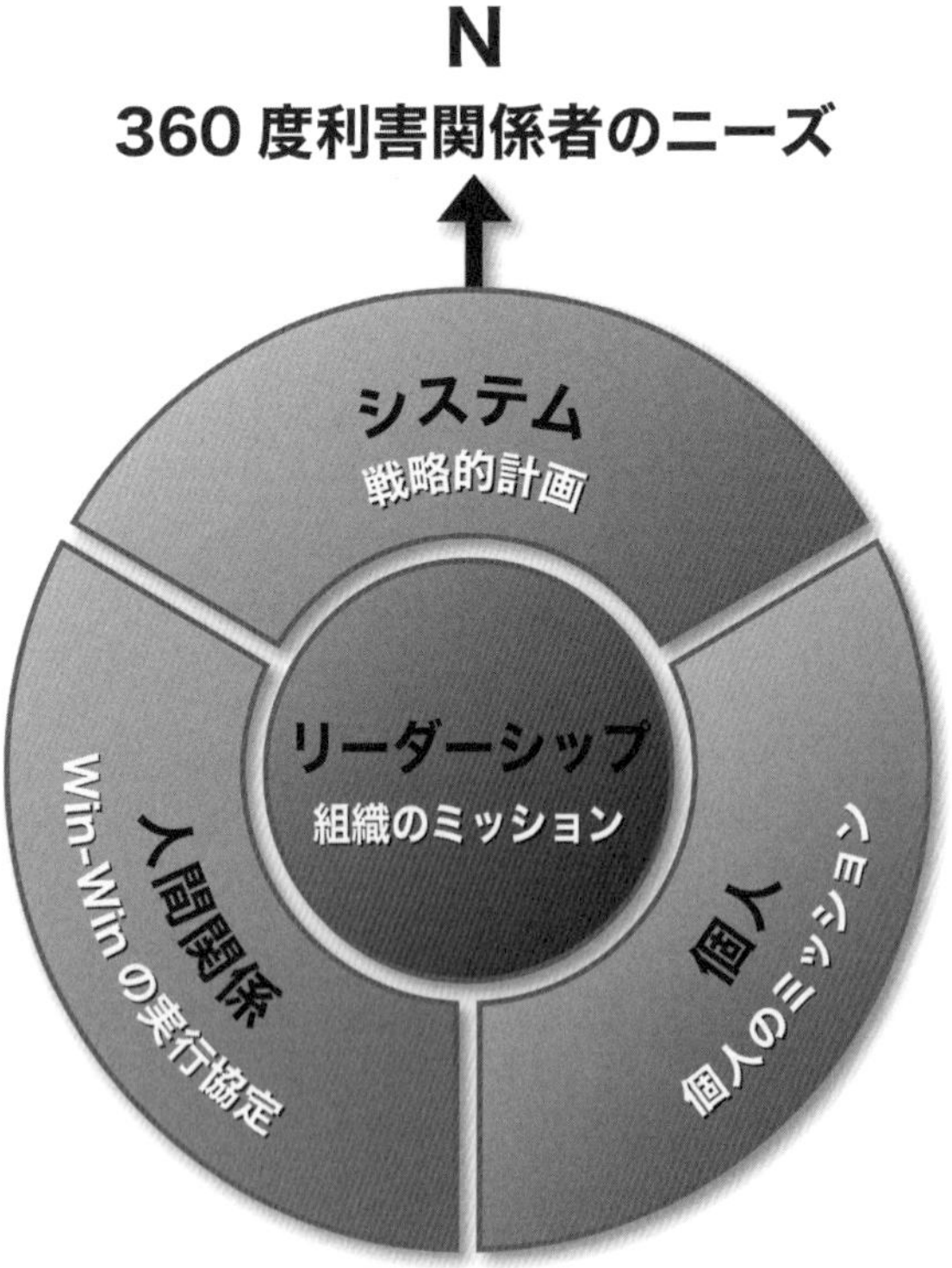
N
360度利害関係者のニーズ
システム
戦略的計画
リーダーシップ
組織のミッション
人間関係
Win-Winの実行協定
個人
個人のミッション

演習

会社・部・課、自分のリーダーシップの責任の範囲において、ミッション・ステートメントを作成するプロセスを開始しよう！

いつするだろうか？

どのぐらいの期間をかけて作成するだろうか？（十分な時間をかけることを強くお勧めしたい）

誰が参加する必要があるだろうか？

その人たちの理解を得るために、あなたはどうするか？

要約：原則中心リーダーシップのパラダイム＝四つの協定

革命とは、過去と将来の間の死闘である。
――フィデル・カストロ（キューバの革命家）

ここまで原則中心リーダーシップという新しい経営のパラダイムを見つめてきた。

それは、人間の四つのニーズをすべて取り上げるものである。**生きること、愛すること、学ぶこと、貢献すること**。

そして、それにより、会社のミッションに参画する全員の**内なる炎**を燃えさせる。

また、これは**インサイド・アウト**のパラダイムであり、すべての有意義な変化は、自分自身の成長からスタートしなければならないということを教えてくれる。

会社の**四つのレベル**（**個人、人間関係、組織、リーダーシップ**）のすべてを包括しているし、中心にミッションを位置づけて、すべての要素を顧客のニーズに向かせることを目的としている。

そのために、
自己背信、
不信関係、
相反する目標、
コントロール、
という四つの抑止力を乗り越えるために、

モデリング、
メンタリング、
システム作り、
エンパワーメント、
という四つの役割を果たす。

また、その実現のプロセスとして、３６０度の企業情報システム
１　財務会計、
２　利害関係者情報、
３　ベンチマーキング、

4 良心とビジョン

の確立、

および四つの協定

1 個人のミッション・ステートメント、

2 Win-Winの実行協定、

3 戦略的計画書、

4 会社のミッション・ステートメント

を導入している。

そして、そのすべてにより、人間の最大の力を引出し、発揮し、それに関わるすべての人の人生をより素晴らしいものにしていくことになるのだ。

レベル	ニーズ	元型	比喩	原則	抑止力	リーダーの役割	情報システム	協定
個人	生きること	戦士	胃	公正	自己背信	モデリング（信頼性）	財務会計	個人のミッション・ステートメント
人間関係	愛すること	恋人	心	親切	不信	メンタリング（信頼）	利害関係者情報システム	Win-Win の実行協定
組織	学ぶこと	魔法使い	脳	才能の活用	相反する目標	システム作り（一貫性）	ベンチマーキング	戦略的計画書
リーダーシップ	貢献すること	王様	魂	意味と意義	コントロール	エンパワーメント（ミッションの共有）	良心・ビジョン	会社のミッション・ステートメント

第7章

激流の時代を生き抜くためには

原則中心になろう！

今は終わりではない。終わりの始まりでもない。でも始まりの終わりなのかもしれない。

――ウィンストン・チャーチル（イギリス首相）

原則に対する決意が揺るぎない土台を与える

成功ほど失敗するものはない。

環境が安定していた時代でうまくいっていたアプローチは、現代の激流には合わない。

ローカル経済の時代にうまくいったアプローチは、グローバル化の時代にはうまくいかない。

国が貧しかった頃のアプローチは、国民がより高度なニーズを求めるようになった時代には適用できない。

新しいパラダイム・物の見方・地図が必要であるのだ。

本書を通して、その新たな経営のアプローチを勉強してきた。

それは、顧客とその他の利害関係者に360度目を向けて、ミッション（使命）を掲げ、それを中心に、四つのニーズを満たし、従業員の内なる炎を燃やし、それにより、管理ではなくエンパワーメントの文化を実現していくものである。

そして、何よりも、リーダー自らの原則に対する決意から生まれる信頼の土台の上に立つものだ。

若い時に、ある電気メーカーで働いていた。

そんなある日、会社にお客様から分厚い資料が届いた。

それは、大型コンピューターシステムの導入に関するもので、当社に提案書を提出してほしいという要望であった。

課長がその資料を私の机に持ってきて、「これを元に提案書を作成してください」と言われた。

仕事なので、当然その資料を熟読した。

そして、しらばらくしてから、課長の席に行って、その資料を課長の机に置き、返事をした。

「申し訳ありませんが、私はこのようなプロジェクトに関わるわけにはいきません。提案書を出すなら、課長自身で作成するしかありません」

そのコンピューターシステムは、とある中近東の政府に、ミサイルの軌道を計算するためのスーパーコンピューターであった。

どうしても、私の価値観には合わない。

しばらくして、そのプロジェクトの話は経営陣の耳に入り、そして課長は都落ちになった。

その後、専務から昼食の誘いを受けた。

その席で、専務に次のように言われた。

「この会社で、私が信頼できるのは、あなたしかいません。ほかの人たちは、少しでも圧力がかかれば、どんな行動でもします。しかし、今回の件で、あなたはそうでないということがわかりました」

身に余る言葉ではあったが、大変な教訓を秘めていた。

状況次第で変わらない軸を持たない限り、信頼を勝ち取ることはできない。


変わらない軸を持つまでは、信頼を作ることができない。

実践の形

こういうミッション・価値観・原則を決意した経営は、具体的にどのように見えるだろうか。

実例を紹介したいが、それには危険性がある。

なぜなら、原則は変わらないが、手法は変わることがあるからだ。

今日うまくいく手法は、明日には失敗する。

だから、この事例で手法を説いているのではなく、原則を具現化していこうとする一企業の努力を紹介しているだけだということをご理解願いたい。

また、今は原則に対して決意していて、素晴らしい企業であっても、いつの日か、経営陣が変わり、またガチョウを殺してでも短期的な利益を上げる誘惑に負けて、原則に違反し、スキャンダルを起こし、市場の信頼を裏切る企業もある。

私たちは、毎日正しい原則に対する決意を新たにしなければならない。

そしてまた、完璧な人もいなければ、完璧な企業もない。

改善は永遠であり、昨日より今日、今日より明日という精神を忘れてはいけない。

しかし、実例があると、やはりイメージはつかみやすいし、役立つことは多くあるから、危険を承知しながら、ひとつの事例を紹介することにしよう。

実例から、手法ではなく、原則を学ぼう！

最初に紹介した、原則中心リーダーシップの図を参照しながら、この実例を読んでいただきたい。

個人、人間関係、リーダーシップのスタイルとスキル、ミッション、戦略、プロセス、および組織構造、そして、利害関係者のニーズ、各要素の相互関連がよく見えるだろう。

そして、何よりも、会社の設計は戦略やプロセスや組織構造の設定からではなく、ミッションと原則の定義からスタートしなければならないということがよくわかるだろう。

原則中心リーダーシップは、まさにパラダイム転換なのであり、新しい時代の経営のあり方を示してくれているのだ。

原則中心リーダーシップのパラダイム

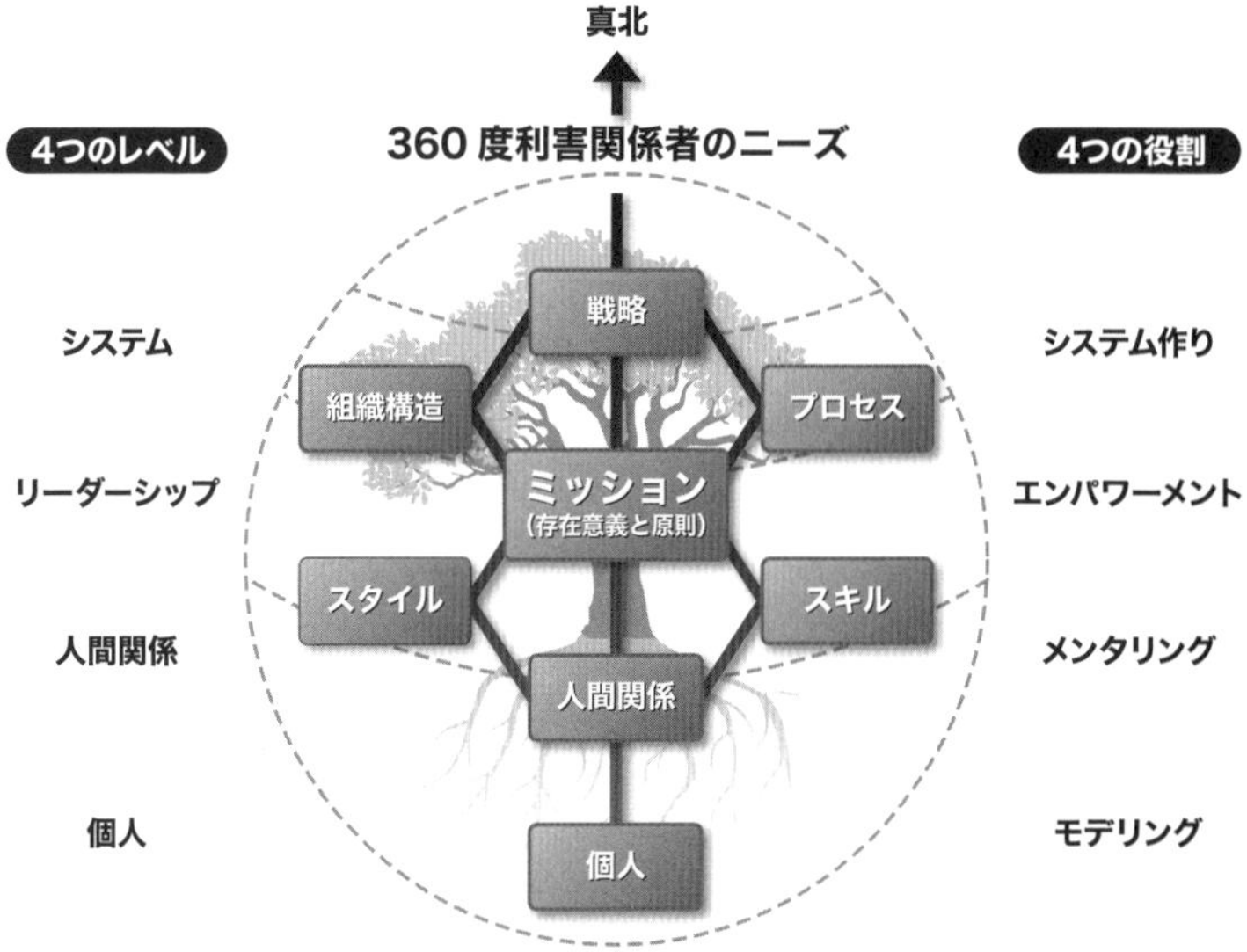

新しい季節

今、私はアメリカの実家に戻り、しばらく親孝行に励んでいる。

地元で急成長を遂げている企業をここで紹介したい。

それは**ニュー・シーズンズ・マーケット**とうスーパーである。

ほぼ毎日行っているので、彼らの経営のあり方や、日々の行動などをよく観察できる（これは経営コンサルタントの職業病、野菜よりも、企業のシステムとプロセスに興味を抱いてしまう……苦笑）。

原則中心リーダーシップのパラダイムに沿って、この会社のやっていることをいくつか説明して、その中から原則の応用を見てみることにしよう。

原則中心リーダーシップのパラダイムは、**環境**の激変を意識しているものである。３６０度の情報を大切にし、また顧客や利害関係者のニーズに応えるためのものなのだ。

実家のポートランドという街は少し変わっている。

Keep Portland Weird（ポートランドを変に保ちましょう）という看板もあり、その文言のTシャツも売っているほどである。

ヒップスターの人口密度は世界一であり、ヒッピーの人種も多い。また入れ墨の世界の都と思われるほど、芸術作品を身体に彫っている人が目に付く。

そして、何と言っても、環境に対する意識が高い！

オレゴン州は、日本の本州よりも面積は広いが、その中で泳げないほど汚染されている河川はない。

有機栽培のものをこだわって買う人は多い。

自転車で通勤する人も多く、バスや路面電車といった公共交通手段は、すべて自転車を取り付けるラックを用意しているほどである。

バスが停まり、乗客が自転車をラックに取り付けるまで、待ってくれる。

ゴミの再利用の分別だけでなく、堆肥《たいひ》にできるものも別扱いになっている。

また、地元の企業を大切にする人も多い。

友達を食事に誘うとき、どこのレストランに行くのかを聞かれる。そして、そこで答えるレストラン名は地元経営の店でないと、一緒に行ってくれない人がいっぱいいる。

そんな環境だから、全国のチェーン店ではなく、地元に密着した、地元経営のスーパーは成り立つのだろう。

そこで、ニュー・シーズンズ・マーケットが設立された。

原則中心リーダーシップのパラダイムの中心にあるのは、**ミッション（ビジョンと決意している原則）**である。


コヴィー博士に直接聞いたことがある。

「7つの習慣の中で、最も大切な習慣はどれですか？」

いつも即答であった。

「第2の習慣、終わりを思い描くことから始めることです」


目的・ミッション（終わりを思い描くこと）がなければ、意味はない。

そして、意味と意義がなければ、内なる炎が燃えないのである。


店に入ると、大きな看板が壁にかかっている。

そこに、

「ニュー・シーズンズ・マーケット：地元で最もフレンドリーな店だ」

と書いてある。

（英語でフレンドリーは、親切、愛想が良い、優しいという三つの意味を兼ねている言葉である）

素晴らしい台詞だが、どうせ広告宣伝部が作ったのだろうと皮肉に考えるほど、現代の人はこういうものに裏切られている。

しかし、入ってみると、びっくりすることに、これは本当のことである。

店員がみんなフレンドリーなのだ。

これは、会社の中心的な価値観であり、店を成功させる原則である。

不親切に基づく長期的な成功は、小売りの世界で考えられないはずである。

会社のホームページを開いてみると、やはりミッション・ステートメントがきちんとできている。

それは、次のように書いてある。

地元で最高の食料品店でありたい。それは、最も素晴らしい買い物の経験を提供することを意味している。買い物しやすく、フレンドリーな店であるということ。朝食のシリアルから放し飼いの鶏まで、最も素晴らしい品揃えをするという意味である。地元と地域の商品の市場を提供することであり、家族が運営する農場を支えることである。コミュニティに貢献することであり、スタッフが繁栄できる進歩的な職場を提供することであるのだ。

このミッション・ステートメントは環境の分析をよく捉えていることに注目していただきたい。

環境に対する意識や、地元を愛する心をよく繁栄している。

そして、フレンドリーという原則に対する決意を、お客様に対して、コミュニティに対して、環境に対して、スタッフに対して広げている。360度のフレンドリーなのだ！

次は**戦略**になるが、これは意外と単純なものになっている。

次の一〇年〜一五年、今日お客様に愛されていると同じような店をもっと多く運営していたい。いつまで経っても、近所の食料品店に徹していく。そして、毎日、「地元で最もフレンドリー」なサービスを提供し続ける。お客様は、お金で投票をし、社会に良い変化をもたらすようにエンパワーしたい。地域の食料育成に活発に参加し、常に健康的で、経済的に繁栄するものにしたい。そして、アメリカの西北地域で、最も働きがいのある企業のひとつでありたい。

一貫性を確認していただきたい。

この戦略は、ミッションから流れ出るものであり、地元の環境をよく意識している。また、フレンドリーという原則に徹している。

360度の利害関係者を考えている。

店の数を伸ばすことで、売上と利益を向上させ、株主のニーズに応える。

地元で最もフレンドリーな店を展開することで、お客様を喜ばす。

地域の食料育成に貢献することで、農場などの仕入れ先に貢献する。

働きがいのある職場を提供することで、スタッフのことも考えている。

そして、お客様をエンパワーし、買い物という活動を通して、本当にどのような社会を望んでいるのかを見せる機会を設け、社会全体もより素晴らしいものになれるようにサポートしている。


環境――戦略――ミッションという一線ができれば、次は**プロセス**と**組織構造**になる。

この偉大なビジョンと価値観をプロセスと方針にまで落とし込む必要がある。

方針は不親切なものになっていれば、店員はフレンドリーになろうと思っても無理な相談である。


店に入ると、左の壁一面に大きな看板がかかっている。

そこには次のように記してある。

細かい方針

ニュー・シーズンズ・マーケットを地元で最も素晴らしい買い物の経験にするために、何でも致します。もちろん細かい方針があります。

・**「次のレジを開ける」の方針**
ふたり以上の行列になれば、即刻次のレジを開《あ》けます。

・**「スタッフ雇用」の方針**
「良い一日を」と言うとき、真心よりそれを言う人を雇うようにしています。そして、あなたに接してほしいのと同じように彼らに接するようにしています。

・**「見つける手伝い」の方針**
その場まで案内致します。

・**「商品返却」の方針**
理由はどうあれ、その品物がぴったり望んでいたものでなかったら、返品してください。笑顔で、それを取り替える、もしくはお金を返金します。約束します。

・**「店の中で食べる」の方針**
どうぞ！　楽しんでください。お帰りの際にレジで支払って頂ければ幸いです。

・**「シニア割引」の方針**
毎週水曜日に、六五才以上のお客様のために、ほとんどすべての商品が一〇％割引になります。

・**「軍人割引」の方針**
退役軍人、現役軍人、およびその家族に対して、感謝の意を表すために、毎週の火曜日、ほとんどすべての商品が一〇％割引になります。

・**「壊してしまった」の方針**
壊してしまったら……ご心配なく。事故はよくあるものです。

・**「問題解決」の方針**

私たちは、問題解決を持っています、見つけます、作り出します。店の前方にあるソリューションズ・カウンターを訪れてみてください。

・**「特別なリクエスト」の方針**

イエス！

・**「キーキー音」の方針**

ショッピング・カートは音を立てたり、車輪が回らなかったりすることがないように、よく保全し、油を差します。

方針は、すべてフレンドリーなのだ！

それは、様々な形で、スタッフの行動に現れる。

たとえば、卵を買うとき、カウンターで店員が箱を開けて、壊れている卵がないかを確認している。そして、壊れた卵を発見すると、違う店員が走って取り替えるようにしている。

先日、ポートランドの水道水に汚染が発見されたという報道があった。大変珍しい事態である。

すると、街中の人が店に走って、水を買いだめするのは容易に想像できるだろう。

その日、マーケットに行ってみると、ボトル水の箱を二階の駐車場の前まで運んであって、車に運びやすくしている。

店で食べてもいいという方針があるので、そのためのカウンターを用意している。フォークやナイフも用意して、後片付けはすべて店員がやってくれるようになっている。また面積の広い店舗になると、クッキング・スクールまで用意し、店の中で食べる機会を増やすようにしている。

雇用のシステムはどうだろうか？

この店で働く第一の条件は？

そう！　フレンドリーであること。

ミッションや価値観は、採用や人事考課にまで落とし込まないと、けっきょく維持できない。

環境に対するフレンドリーを実現するシステムはどうだろうか？

従業員の自転車通勤を応援するためのシステムを作っている。また地元に車を所有せずに、メンバーがそこにある車に乗り、行き先に乗り捨てて、違うメンバーが利用できるというシステムはあるが、従業員のために、その会員になっている。

すべての店にグリーンチームの組織ができている。その役割は、再利用や堆肥を推進し、無駄をなくしていくことである。

その結果、ニュー・シーズンズが、スーパーで初めて「廃棄物ゼロ」の認定を受けている！

地元栽培の食品を店の中で表示することで、それを買いやすくしている。これもシステムである。

また、店内に、地元の企業がニュー・シーズンズと取引を開始するためのプロセスの説明や応援の体制を敷いている。

カウンターの所に、地元企業応援キットが置いてあって、小さな段ボール箱と申し込み用紙が入っている。その用紙に、企業のプロフィールと商品の説明を記入し、商品と一緒に箱に入れ、カウンターに戻す。すると、一週間以内に取引の可能性についての返事がもらえるという簡単なシステムになっている。

肉や卵、牛乳などについても、有機栽培で、成長ホルモンや抗生物質は使用していないものを仕入れて、わかりやすく表示している。

そして、魚については、漁のやりすぎで魚の量が減っている海域で捕られたものを一切仕入れていない。

この店で買い物をするだけで、環境に貢献しているという意識になれる。

コミュニティに対してフレンドリーであるために、利益の一〇％を地元のＮＧＯや学校に寄付している。

360度の情報については、どうだろうか?

まず、顧客のコメントをよく集めるようにしている。

コメントカードは用意されているし、従業員も聞いてくれたり、書いてくれたりする。

しかし、それだけではない。

この情報は、お客様ともシェアしている!

今までのお客様のコメントカードと店からの返事はすべて掲示板に掲げてみんながその答えや情報を共有できるようにしている。

エネルギーの調査も外部に依頼したり、その情報は無駄の排除に利用している。

そして、外部機関に監査してもらい、親切な企業になっているかどうかをチェックしている。

その結果、世界でスーパーとして初めてB Corporation(会社の財務と同じように、スタッフ・コミュニティ・環境を大事にしている企業)の認定を受けた。

これらの方針とシステムにより、従業員は**エンパワー**される。

フレンドリーという一原則を考えていれば、大きなミスはない。

水を屋上の駐車場まで運んだ方が親切だと思えば、そうすればいい。

特別なリクエストに対して「イエス！」を答えるという方針なので、「イエス！」と言うことを怖がらない。

解決策を作り出すという方針なので、「会社の規定にないので、ごめんなさい」と逆に答えづらい。

信頼は、このミッションと方針に対する決意の自然の結果なのだろう。

スタッフの会社に対する信頼、お互いの信頼、農場からの信頼、お客様の会社に対する信頼、およびお客様の商品に対する信頼のすべてである。

そして、フレンドリーという原則を違反した日には、その信頼がなくなる。

お客様に対するフレンドリーもそうだし、環境に対するフレンドリーもまたしかり。

そして、こういう会社になっているから、強い個人的なミッションを持つ人ほど、そこで働きたがるだろう。

また、強い**個人的なミッション**と価値観を持つお客様は、ほかでは買い物したくないと思うに違いない！

ほんの短い紹介だったが、原則中心リーダーシップのパラダイムに沿って経営する結果はどうだろうか？

地元で最も成長する企業であり、お客様から愛され、大きな忠誠心を勝ち取る会社であるのだ。

そして、他所《よそ》から来ている人にポートランドの観光案内をするとき、一番言われるのは、「このスーパーがうちの地元にあったらいいな……」という言葉になっている。

それもスーパーマーケットという、最も競争が厳しく、利益の幅が小さい、価格設定以外に差別化がほとんどできないとされている業界の中でできたことなのである！

「7つの習慣」の再発見

我々は支配しているのではない。原則が支配しているのです。
――スティーブン・R・コヴィー博士

効果がなければ、原則ではない

数多くの読者と同じように、私は初めて『7つの習慣』を読んだとき、大きな衝撃を受けた。

私の場合は、特に第2の習慣「終わりを思い描くことから始める」を読んだとき、個人的なミッション・ステートメントを書き上げて、それに沿って生きるという決意をしたことが大きかったのだと思う。

そこで、この「7つの習慣」と「原則中心リーダーシップ」の考え方を日本に広めることを決めた。

しかし、そこで大きな問題があった。

成功できる要素を何も揃《そろ》えていないということだった。

・私は大学を出ていない。

・資本金はない。
・業界の経験もない。
・人脈もない。
・既存の顧客やデータベースはない。
・セミナー講師を務めたことはない。

そんな私に、世界有数のコンサルティング会社が、世界二番目の経済力を持つ日本の市場を任せてくれるはずはない。

そこで、不思議なことを考えた。
「7つの習慣は効果性の原則を教えているはずである。もしそうであれば、その原則を実行することは効果的なはずであり、成功へと導くはずである。そして、原則は確実で、誰にでも当てはまるものだから、自分でも応用して、効果を確認できるに違いない！」
単純極まりない発想である。

正しい原則ならば、必ず効果性を発揮するはずである！

そして、さらに思ったことは、

「その原則を実行して、もし**効果**が得られなかったら、それは正しい原則ではないという証であり、それならばそもそも日本に**紹介**しない方が良かろう」

ということだった。

第1の習慣から実行し始めた。

つまり、「主体性」を発揮してみた。

行動を起こし、当時のコヴィー・リーダーシップ・センターに連絡をとり、日本の市場を私に任せてくださいと堂々と申し出た。

「終わりを思い描くことから始める」ということで、事業の計画を作ったり、また「Ｗｉｎ－Ｗｉｎ」や「相乗効果」といった原則を応用して、自分の力の足らなさを補うために、ほかの企業との協力体制を作ったりもした。

そして、たったの六〇日間で、コヴィー・リーダーシップ・センターの日本代表に就任し、『7つの習慣』を大きく日本に広め、個人的な成功をおさめると同時に、一九〇万人以上もの人の人生を変えることができた。

やはり、正しい原則であったのだ。

自分で実証せよ！

それと同じように、この原則中心リーダーシップの原則を自分の職場において応用してみていただきたい。

モデリング（信頼性）、メンタリング（信頼）、システム作り（一貫性）、エンパワーメント（ミッションと意味の共有）は正しい原則であり、必ず効果性を発揮してくれる。

リーダーシップは肩書きではない。

ほかの人があなたを任命してリーダーになるのではない。原則を決意をし、立ち上がって人を助けようとするから、リーダーになるのだ。

今日から、あなたのできることである。

リーダーシップは肩書きではない、原則に対する決意なのだ！

「７つの習慣」は、一言で言うと、「良い人間でありなさい」ということだった。

だとすれば、この「原則中心リーダーシップ」は、一言で言うと、「人に仕えるようにしなさい」ということなのだと思う。

その威力を自ら経験し、そしてお客様のために、従業員のために、株主のために、コミュニティや国のために、家族のために、自分のために、３６０度より素晴らしい世界を築いていただければ、これ以上の幸せはない。

愛を込めて、

ジェームス・スキナー

あとがき

『原則中心』をここまでお読みいただきまして、誠にありがとうございます。本書が、あなたの人生をより原則に基づいた、輝かしいものにするきっかけになれば、それ以上の幸せはありません。

これから、偉大な冒険が始まろうとしています。それは、自分のビジネスや自分の人生をより意味と意義のあるものにしていこうとする冒険なのです。

四つの元型をすべて活かし、より充実した毎日を送ることです。

そして、ほかの人の能力と可能性を引出し、彼らのかかげる様々な目的を達成できるように導き、助け、応援する冒険でもあるのです。

この「原則中心リーダーシップ」の概念を、一冊の本にしたためてみましたが、やはりおさまりきれない部分や語りきれない部分がどうしても出てきます。また、文字だけですと、感情などが伝わりにくい部分もあります。直接、あなたにお会いしてそのすべてを伝えたいという気持ちで心がいっぱいです。

しかし、それを実現することができるその日がくるまで、とりあえず、出版社に無理を言って、本書に映像を追加させていただきました。

冒険を始めるに当たり、この一〇五分の映像をプレゼントとしてあなたに差し上げたいと思います。

CD-ROMでも観ることができますし、また専用サイトで携帯電話などからもごらんになることができます。

このあとがきに続く案内の中にその方法を記載いたしております。

『原則中心』の一日ライブセミナーを撮影し、その中から最もわかりやすく、そして読者の皆様に最も役立つと思われる部分を引出し、編集いたしております。

ですから、原則中心に生きようとするあなたにとって、大きな糧になると確信しております。ぜひ、一度ごらんになっていただければ幸いです。

そして、『原則中心』で学んだことを活かし、どのような結果を得られたかという皆様からの報告も楽しみにお待ちしております。

読者の皆様の成功体験や大きなチャレンジに立ち向かう話は、何にもまして、私の毎日の励みと心の支えになっております。

また近々お会いしましょう。

愛と感謝を込めて、

ジェームス・スキナー

スマートフォン、タブレット、パソコンで見れる！
読者限定【無料】特典映像の内容

ジェームス・スキナー開催
参加費69,800円
世界初公開のライブセミナーから厳選した
4つの秘蔵映像1時間45分

CD-ROM or 専用サイトで2つの映像50分

❶ 世界的リーダーの影響力3段ピラミッド
人を自在に動かす「教育」「メンター」「モデル」の詳細を初公開。

❷ 3つの行動が決めるリーダーの破滅と繁栄
給料を上げずに社員のモチベーションをあげる方法。

CD盤面の無料かんたん登録で追加プレゼント

❸ 世界的な億万長者を作り出した中毒の魔法
普通の営業マンを世界一の大金持ちに変えた人間心理を操る極意。

❹ 絶対に職を失わない人のただ一つの力
100人中100人の社長が欲しがる人材の特徴は
能力の高さではありません。ある一つの態度です。

※WEB編は、インターネットに接続の上、専用のウェブサイトに移動してご覧ください。

合計4つの映像の中から、2つの映像を本書付属のCD-ROMに収録しました。こちらはパソコンで見ることが出来ます。

◆ CD-ROMの内容の一部または全部の複製および無断転載を禁じます。

⚠【警告】このディスクは「CD-ROM」です。
DVDプレイヤー、音楽プレーヤーでは絶対に再生しないでください。
大音量によって耳に障害を被ったり、スピーカーを破損する恐れがあります。

●動作環境　◆付録閲覧のためのインターネット接続（ADSL以上を推奨）

Windows
◆ ソフトウェア　MicrosoftWindows XP、または Windows Vista、または　Windows 7、Windows Media Player 10以上
◆ ハードウェア　Intel Pentium M 1.5GHz、または同等以上のスペックCPU, Windows XPで512MB以上、Windows Vista 及び Windows 7 で1GB以上のRAM、700MB以上のハードディスクの空き容量

Macintosh
◆ ソフトウェア　Mac OS X 10.4 (Tiger) 以上、QuickTime7 以上
◆ ハードウェア　Intel CPU、512MB以上のRAM(1GB以上を推奨) 700MB以上のハードディスクの空き容量

有限会社トゥルーノース（ジェームス事務所事業部）
FreeDial: 0120-85-2637　TEL:03-3537-7830
お問い合わせメールアドレス　info@jamesskinner.com
営業時間　月～金　午前10時～午後6時（土、日、祝日休み）

スマートフォンやタブレット、CDドライブの無いPCで映像を見るには

本書付属のCD-ROMに収録されている映像は、スマートフォンやタブレット、
CDドライブの無いPCでもご覧いただけます。

スマートフォンやタブレット、CDドライブの無いPCでで特典映像を
ご覧になる場合はインターネットに接続した状態で、CD-ROM盤面に
記載されているURLを入力し専用サイトにアクセスしてご覧ください。

**特典映像をご覧いただける専用サイトの
URLはCD-ROM盤面に記載されています**

【ジェームス・スキナー経歴】

■書籍

○『7つの習慣』キングベアー出版 翻訳
○『7つの習慣　名言集』キングベアー出版 翻訳
○『TQ　心の安らぎを発見する時間管理の探求』キングベアー出版 翻訳
○『7つの習慣　ファミリー（上）（下）』キングベアー出版 翻訳
○『成功の9ステップ』幻冬舎 著作
○『図解・成功の9ステップ』中経出版 著作
○『愛の億万長者』中経出版 著作
○『お金の科学』フォレスト出版 著作
○『図解・お金の科学』フォレスト出版 著作
○『略奪大国』フォレスト出版 著作
○『あなたの夢を現実化させる成功の9ステップ』幻冬舎文庫 著作
○『100%』サンマーク出版 著作

■過去コンサルティング実績の一部

米国海軍・米国陸軍・米国海兵隊・日本国外務省・全国銀行協会・経済同友会・JR東海・JR東日本・NTT東日本・三菱東京UFJ銀行・メリルリンチ日本証券株式会社・Microsoft・KDD（現KDDI）・トヨタ自動車・日産自動車・本田技研工業・三菱電機・オリンパス・NEC・高島屋・ローソン・The Ritz-Carlton Hotel・日本マクドナルド・ロッテリア・アサヒビール・タダノ・ソニー・三菱不動産・オリエンタルランド・三菱石油化学・石川島播磨重工（現IHI）・同和鉱業・内田洋行・四国電力

※ 生産管理、財務広報、リーダーシップ開発等を含む ※ 敬称略・200社以上

■略歴

1.在日アメリカ合衆国大使館員
2.NEC セールスエンジニア（初年度コンピューターシステム売上80億円）
3.財務コピーライター
4.財団法人社会経済生産性本部経営コンサルタント
5.キングベアー出版創設者
6.フランクリン・コヴィー・ジャパン代表取締役社長
7.海外ヘッジファンドの会長として2,000億円以上運用実績
8.海外プライベートエクイティーファンド運用の投資委員会委員長

原則中心

会社には原則があった!

2014年11月30日　初版第一刷

著　者　ジェームス・スキナー
発行者　竹村富士徳
発行所　キングベアー出版
〒102-0075
東京都千代田区三番町5-7　精糖会館7階
電話　：03-3264-7403（代表）
URL　：http://www.franklincovey.co.jp/

印刷・製本　大日本印刷株式会社
ISBN 978-4-86394-031-4